化解婚姻中的13種危機

區祥江 著

化解婚姻中的13種危機
作者／區祥江
策劃編輯／伍詠慈
文稿協力／史曉晴
美術設計／劉碧雲
出版發行／突破出版社
香港沙田亞公角山路33號突破青年村
電話：2632 0000　傳真：2632 0388
電郵：breakthrough@breakthrough.org.hk
網址：http://www.breakthrough.org.hk
http://www.btproduct.com
承印／陽光（彩美）印刷有限公司
2006年9月初版1刷
2007年5月初版2刷
2014年6月2版1刷
2019年5月2版3刷

Solution to 13 Crisis in Marriage
by Raymond Au
First Printing, First Edition, September 2006
Second Printing, First Edition, May 2007
First Printing, Second Edition, June 2014
Third Printing, Second Edition, May 2019

Printed in Hong Kong
ISBN 978-988-8246-25-0

本書經文取自《新標點和合本》，版權為香港聖經公會所有，承蒙允准採用，特此鳴謝。

誠邀閣下就突破出版社的書籍發表意見

歡迎加入突破書籍 Facebook page — http://www.facebook.com/btbooks.page

本書採用環保油墨印刷

心　理　與　栽　培

關懷、連繫、復和、

溝通、對話……

凝視心之脈動，

直到重新尋獲自己的心。

目錄

新版自序

在自己的著作中，《婚姻進步書》(突破，2006) 是自己十分喜歡的一本。書中收集了我在婚姻問題中的新研究和觀察，七年過去了，仍不斷有人尋找這本斷版了一段時間的書，有作禮物送給人，也有作夫婦小組一起閱讀和分享討論材料的，這書就此消失實在有點可惜。夫婦之間的問題雖然繁多，正所謂「家家有本難唸的經」，但兩性的互動卻是歷久常新的，書中討論的夫婦問題仍然是適切和有啟發性的。

當編輯提議出增訂版時，我是十分欣喜的。夫婦需要進步的地方，若未能好好處理和調適，最終會惡化成夫婦的危機。為了增強本書的迫切感和實用性，編輯加入化解問題的建議和錦囊，我也增訂了三篇文章。

〈調節親密與疏離〉提到夫婦間經常出現舞蹈和步伐不協調的問題，能調節親密與疏離是夫婦共處需要掌握的生活藝術；〈別老在找問題兇手〉談到夫妻間很多問題都牽涉過去的恩怨糾纏，近年一套「尋解輔導」（solution-focused therapy）的方法，可以幫助夫妻往前看，着眼建立理想婚姻的目標上。至於〈處理婚姻中的怒氣〉則幫助夫婦處理怒氣，處理不好會令衝突升溫，但若有效處理，卻會增進夫婦的感情呢！

婚姻恍如一個花園，園中長出雜草並不是擁有花園的人刻意栽種的，只是有時園丁沒有好好栽種，忽略了一段時間所導致。同樣，危機發生在「被忽略」的婚姻。花園日久失修是二人的責任，夫婦都需要負責，希望這本書能成為你栽種出美麗婚姻花園的手冊，當你勤於打理這花園的時候，你們的愛情就會果實纍纍。

區祥江

2014 年 5 月 19 日

重燃那不滅的愛

年輕的時候，心裏幻想着浪漫的愛情，希望找到一個愛惜自己的如意郎君，共渡此生。

第一次結婚的時候，我只有二十多歲；在大學同學中，我算是早婚的一個。當時以為自己已找到了愛情，往後再沒有什麼煩惱了；即使有煩惱，也有一個愛自己的丈夫同甘共苦，沒有什麼可怕可慮。想不到婚後才一年半，卻遭遇晴天霹靂——丈夫竟患上絕症。噩耗往後的日子是疲憊不堪的熬煉，我要往來醫院，進出手術室、深切治療部；最後丈夫亦撒手塵寰。那時候，我悲痛欲絕，整個世界像塌了下來。雖然丈夫的離世帶給我莫大傷痛，但我心裏對愛情仍抱盼望，渴想不久將來再找到另一段愛情，結果一等便差不多十載，上帝終於在先夫離世九年後，給我現在的丈夫。

今次的婚姻與第一次的大相逕庭。兩位丈夫的個性可謂南轅北轍：一個內向，一個外向；一個沉默，一個多言。

想起來也覺奇怪，為什麼在擇偶的過程中，自己會有如此不同的選擇？我只想到，可能自己已由天真爛漫的無知歲月，步入幾經波折的中年階段；我的心態隨着歲月轉變，想不到連擇偶的品味也不同了。

因此，我想到，一對年輕男女要在二十來歲的時候選擇一個廝守終身的伴侶，而在生命途中卻要面對自己和配偶因成長而來的變化，這是一項多麼偉大的工程！面對人的善變，委身的承諾就顯得更加重要。在成長途上，不論我們的喜好、需要怎樣改變，在委身的承諾下，我們仍然堅持去愛那個曾彼此託付的伴侶。

然而人總是會變的，尤其人到中年，成長的衝擊帶來翻天覆地的內心變化。在這個階段，有人會為了尋找自我，毅然辭去高薪厚職，轉投一份自己從沒有經驗的工作，也有人選擇暫時放下包袱，往外國進修，為要好好規劃一下自己的下半生。這些因成長而來的衝擊，不單影響個人在仕途上的選擇，同時也波及婚姻。中年是婚姻的高危期，不少離婚、婚外情都在這個階段發生，面對這個波濤暗湧的階段，究竟如何去維持一段已經淡化，卻仍有承諾的婚姻？

祥江的《化解婚姻中的 13 種危機》正切中時代的需

要。我一口氣把書看完，對自己實有很大提醒。祥江把各種婚姻研究，以生動淺易的文筆向讀者介紹，又以本地的生活經驗出發，分享的內容十分貼切，所談及的課題都是你我所關注的。例如夫妻在時間上的拉扯、權力的爭奪、因男女差異所引發的衝突等等，都好像發生在自己和周遭的朋友身上，讀起來不時引起我內心的共鳴。

我覺得最難得的，是祥江不單道出了問題，還提供了出路——這些出路不是艱澀難明的理論，而是簡單、易做、一矢中的的具體方法。讀完此書，令我覺得怎樣困難的婚姻也有出路，只要雙方有誠意、堅守承諾，總能渡過婚姻不同階段的挑戰，在感情淡化了的婚姻中，重燃那不滅的愛。

黃麗彰

2006年

初版自序

十年前，為了慶祝與太太結婚十周年紀念，寫了一本有關婚姻關係的小品，起名《婚姻旅情》。後來，經過修訂易名為《婚姻左右左》。當時剛從美國進修婚姻家庭治療回來，就將學習的心得，結合自己對婚姻生活的反思，撰寫成書，想不到能得到這麼多讀者愛戴，十年間竟然付印七次。

十年過去了，我剛剛渡過結婚二十周年紀念的大日子，想到能與太太渡過二十個寒暑，也不是簡單的事，這十年來自己對婚姻的體驗也加深了。

這十年間，除了專心發展自己對男性課題的興趣外，也處理了很多個案，最多個案是與婚姻有關，對夫婦關係的互動、夫婦感情如何變淡，以及一些婚姻常見的問題，也多了一些了解和觀察。

轉職到神學院教書，因為教授婚姻輔導，為了找資料，我被迫從實務經驗跳回婚姻輔導的專業文獻去；發現自 1994 年畢業後，婚姻輔導這專業有很大進展。邊看文獻、邊反省自己做過的個案，對婚姻的問題有不少新發現。心想，或許是時候寫另外一本婚姻關係的書，作為自己結婚二十周年的一個里程碑。

我是習慣透過寫作來整理和組織自己的思想和經驗的。所以，下筆時只有一個大概的範圍，不知道自己的筆會走到哪裏，會描繪什麼有關婚姻的景致，但得到讀者的同行是最難得，但願我的筆耕，能提升大家對婚姻關係的了解。在這個愈來愈難維繫婚姻和諧的年代，我們要多了解婚姻複雜的一面，與身邊的伴侶，一起學習，一起成長。

區祥江

2006 年

引言　婚姻是一顆多面的寶石

婚姻好像一顆未經琢磨的寶石，碰巧給一對男女同時發現；他們看着這顆寶石，各自在腦海中憧憬寶石雕琢後的模樣，想得興奮。因為他們是共同發現，於是便協議一同擁有和琢磨這顆寶石。

遺憾的是，他們兩個都不擅雕刻，雖然構想了一些圖案，但要不是方案不可行，就是「眼高手低」，總不能稱心。然而，他們依舊抱着邊做邊學的心態來看待這「偉大工程」。

在這顆寶石上要下的工夫實在不少，他們有時候分工清晰，各自在自己的範圍裏下工夫；但當雕琢到某些位置，或是角度太窄，或是動用到某些工具而不得不二人合作時，他們總是七手八腳，不太協調。高興的時候，兩人有商有量，起勁地幹；不高興的時候，就變成各有各做，不理會對方，甚至為着一些初步成果而起爭論、爭功。過程中引發的衝突，令他們十分沮喪。有時候鬧得臉紅耳赤時，更泛起放棄的念頭。但眼見漸露輪廓的寶石，又捨不得不顧而去。

就這樣，他們繼續將這顆寶石雕琢下去。

慢慢地，他們發現這顆寶石的多面，而且寶石的美麗正正在於它的「多面性」——當陽光照射在不同的切面時，折射出來的光芒，最令人神往。

然而，無論哪一面都需要打磨，潤滑的功夫可不少，而且不同切面要下的功夫都有不同。這顆寶石能煥發的光芒，仍未算平均，它能發揮的潛質，仍有待潤飾。

這本書正是嘗試細說婚姻中的不同「切面」，你可以獨立細看每一面，又或者退後幾步，看這顆寶石的全貌。

在我的婚姻體驗中，我看到婚姻關係中有很多值得觀賞和細味的面向，舉些例子：看看婚姻中如何容納兩性的差異，並在接納與容忍中看到差異的好處所在；婚姻關係可以看成一種情感的連繫（emotional bonding），當這份相依關係受損的時候，會如何影響到婚姻的關係；婚姻涉及兩個人的溝通，像設定交通規則一樣，一些婚姻輔導專家也為婚姻關係訂下一些「安全溝通規則」，我們不可掉以輕心；婚姻也可以看成兩性融和的一種互動，如何在「男內有女，女內有男」的理解下，互相協調，擴闊自己，是兩性共同跳的舞蹈；性愛是夫婦關係獨有的，但性需要有愛慕（Eros）來補充，否則便變成一種機械式、生理上的釋放；當然，婚姻關係也像逆水行舟，不進則退，感情為何會從起初的濃烈轉淡，甚至逝去，原來有迹可尋，留心情逝去前的訊號，可及早作出修補。餘下的各方面，我不在此多說了，就由你們一一發現吧！

是的，婚姻關係真是一個多面、複雜而有情趣的好傢伙。在家庭的關係中，父母與子女、兄弟姊妹之間，都是非自願（involuntary）的關係；惟有夫婦關係是非血緣，而是透過選擇的過程，或說是時空交錯下擦出的火花而成。不得不承認，婚姻關係是有相當程度的脆弱，尤是眼見各地的離婚數字不斷上升，家庭的破碎、下一代對婚姻失去信心等問題，都叫人着急。

希望透過這本書，令你明白維繫美滿婚姻不是一件易事，更助你理解婚姻不同「切面」的內情，讓你有較大的信心和智慧，去繼續雕琢自己的婚姻，像前面提到的男女一樣。

雕琢寶石的故事還未完。隨着歲月的流轉，這對男女也踏入成熟的階段，從「眼高手低」慢慢磨練到「得心應手」，從「七手八腳」漸漸能「合作無間」……兩人終於領會到，原來他們不單是在雕琢那顆寶石，他們也同時在雕琢自己——在雕刻的過程中被磨練、被潤滑的，其實不是寶石，而是他們自己。

這顆寶石，因為落在兩雙漸趨熟練的手上，寶石不同的切面就被琢磨得愈來愈光潤，散發着異彩，甚至有人想將一些未雕琢的寶石，委託他們幫忙雕刻，卻遭他們一口拒絕了。理由大概也能猜得到——寶石與雕刻者原本就是一體，自己的寶石都不能假手他人。

這本書其實也只是一個雕刻者的紀錄，最終要由你親自下手去雕琢屬於你的寶石、雕琢自己。

差異

徵狀

夫婦見配偶的不善之處，總想改變對方，而被改變的一方，容易反彈，結果彼此攻擊。

1　性格差異——從接納到改變

夫婦間的差異的確令人既愛且恨，不是説異性相吸的嗎？還記得拍拖時的感覺嗎？我們豈不正是被對方一些異於自己的特質所吸引嗎？比方一個理性型的男士遇上一個感情豐富的女孩子，會被她多姿多彩的感情世界所吸引，因為她正擁有一種他「沒有」的色彩。又比方一個自小被嚴父管教的女孩子，當遇上一位「好好先生」，什麼都「無所謂」、什麼都遷就她時，她會如何被他千依百順的體貼所感動？

但鏡頭一轉，從拍拖的浪漫，到婚後要合力處理生活上大大小小問題的實況中——這時，理性型的男士多麼渴望妻子不要那麼情緒化，能夠「講道理」、理性地處理問題；而喜歡丈夫千依百順的女士，這時又多麼渴望這位「一家之主」能發揮多一點主見，不要事事都「無所謂」。

假若你的自覺和反省能力較高的話，不難看到自己婚前婚後的轉變——特別是對配偶的期望，也許你還會怪自己沒有「帶眼識人」哩。但其實你十分清楚，自己的配偶一直都是這個模樣，只是在拍拖期間，彼此「選擇性」看對方某項特質好的一面，卻看不到這個特質也有討你厭的一面。這樣看來，不是配偶變了，而是自己當初將對方理想化了。

有沒有聽過這樣的忠告？——「結婚前，要睜大雙眼看清楚對方；結婚後，就要『隻眼開、隻眼閉』！」但我看不一定如此悲觀吧！

想改變對方的衝動

你也許又聽過另一個忠告，就是不要打算在婚後能改變對方，因為這幾乎是一件「非常任務」(mission impossible)。不過，忠告歸忠告，在現實生活中我們卻常常明知不可為而為之。

夫妻如何面對差異

試看上圖，女性凹的三角形性格遇上了男性凸的四方形性格。在拍拖時，大家不是走得那麼近，凸的喜愛凹，凹的欣賞凸，簡直是天造地設！但結婚後，便發現四方形與三角形並不能拼在一起，這些差異委實像稜角般梗在心頭，於是我們便想要「靜靜地起革命」，希望改變對方。

對於凹的三角形女性來說，最簡單直接的方案，就是將男性突出的四方形切去兩個角，那麼對方便可以拼在一起。

夫妻如何面對差異

但世事總不會那麼直截了當。被要求改變的一方，會發出一聲沉重的呼喊，就如一本關於夫婦相處之道的書名一樣：*Do I Have to Give Up Me to Be Loved by You?* 我要放棄自我才能得到你的愛嗎？若被改造的一方只在呻吟一下後，便照你的意思改變，你也不要太快高興——君不見不少做了多年「忍者」的好好先生，到中年就起革命，再也忍無可忍：既然有年輕貌美又欣賞自己的女士垂青，為何還要長期受屈？

不過，不少被要求改變的人都沒有這般順從，多會採取反擊姿態：你說我這樣不好，你那樣也不見得很順我意！你要求我改，或許你先改掉你的臭脾氣再說！就這樣，一來一往，夫妻間本來「異性相吸」的地方，就成為彼此攻擊的缺口。

兩種不快

一些婚姻專家指出兩種婚姻中的不快：第一種是因差異而來的不協調造成；第二種是在處理這些差異的過程中，用了不合適的方法所導致，包括：攻擊、投訴、強制對方，又或者否認、逃避、淡化等策略，甚或找聯盟幫自己，這種種伎倆，都會使夫婦的關係慢慢落入一種不協調的舞蹈中。因差異處理不善而變成「不協調的舞蹈」，常見的大概有三種：互相逃避、互相攻擊和你追我走的舞步。

然而，我想最可怕的是，當這些差異處理不善，會令我們漸漸不喜歡身邊的配偶，甚至貶抑對方。例如我們可能會產生這些想法——他為什麼將我的情感需要置諸腦後？他對外人比對我還要好，他一定是在童年時有什麼缺陷，以致沒有能力作出任何轉變……如此這般，本來彼此吸引的差異，就成為夫婦不快的來源。

夫婦差異多的是

有一段時間，「男女大不同」系列書籍大行其道，作者約翰格雷（John Gray）以兩性的差異為題就出版了各式各樣有關男女差異的書。他最經典的說法是：「男人需要山洞。」他明白男士需要空間，所以為男士們爭取一個歇息的山洞，逃避太太情感的索求。這是男女在親密與距離之間典型的差異。

除了兩性差異外，不少夫婦的差異因成長背景或性格不同引致的。其中一種差異稱為「科學家與藝術家」（scientist vs artist）的差異。科學家要準確、有邏輯、有理據；藝術家則講求品味、重感性、愛即興；兩種截然不同的生活取向，令二人產生不少衝突。

夫妻在運用金錢的取態也容易導致衝突，例如一方習慣「先使未來錢」，另一方卻愛積穀防飢，用錢態度一鬆一緊，若缺乏一套化解差異的理財原則，金錢上的爭論可以無日無之。

結婚多年來，我與太太也有一些差異仍未有解決良方。我和太太有一個相同喜好，就是喜歡精美腕錶，特別是機械錶。閒暇時我們會一同逛錶行或參觀錶展。但我們對錶卻有不同的使用哲學：我太太喜歡收藏郵票，對手錶亦抱收藏保值的想法。數年前她買了一隻復古錶送給我，但每當我想戴上，她卻不准，說若損壞或「弄花」就不值錢。但我卻認為，手錶若未經使用，就如一直留在錶行中；即使將來把錶留給兒子，也失了紀念價值。我跟太太在這個問題上各持己見，無論花多少唇舌都不能說服對方，我又不想強行將錶戴上而令大家不快。這個差異似乎不容易解決，我也只好接受現實。而其中一個解決方法，就是自己掏錢另買一隻既喜愛又可以自用的手錶。

如何面對差異

差異這樣惱人，夫婦應如何面對呢？這難題連婚姻專家也投降。輔導專業中有稱為「行為學派」的專家，多年來鼓勵以一種施予和領取（give and take）的平衡來改變夫婦的相處，稱之為「行為交易」(Behavioral Exchange)。這個方法最為人認識的是「情感銀行」(Emotional Banking)的觀念，即是你多做對方稱心的事，對方也自然願意有相應的改變。但這些觀念試行多年，卻始終未能滿意地解決這類差異。最近，在輔導模式方面就來了一個大革新——加入接納和容忍（acceptance and tolerance）的元素。

事實上，婚姻專家斷言，夫婦間只有三成的問題可以透過問題解決（problem solving）的方法解決，而有七成的問題是揮之不去和重複出現的（參頁111）。夫婦的差異就屬於後者那類不易解決的問題。

那麼，差異可以如何化解呢？專家提議先來一個「退一步海闊天空」，在「退一步」之後，彼此要站在同一陣線，視那些差異為共同的問題，婚姻專家稱此為「共同抽離」(unified detachment)。這樣，矛頭不再互相指向，可以換一個角度看對方為何有這種執著，甚至會產生一種「同理心的接連」(empathic joining)。

我也是以這種心態來化解跟太太在買錶、用錶方面的差異。我自掏腰包買了一隻機械錶，作為結婚二十周年的紀念禮物。太太和我一起去選購，在買之前我們先來「君子協定」——我這次要買來用，並不是買來保值的。大家就

抱着一種幽默、共容的心情看這件事。諷刺的是，我將錶戴上手腕不久，就不小心弄花了少許，頓時感到「肉痛」！這才體會到太太的想法也有道理。

無論如何，學習接納和忍受彼此的差異，才是問題的出路。也許，當大家放下各自的執著，反而能看到對方有其道理的所在。

從接納到改變

我認識一對夫婦，結婚初期有很多衝突，太太不滿意丈夫不夠整潔和沒有「手尾」，經常要她提點，後來升級至投訴，甚至吵鬧。如是者兩三年過去，丈夫依然故我，死性不改。太太卻從「買燒肉附送豬頭骨」得到啟示：愛一個人，就要接受他整個人。之後，她停止了投訴，只默默執拾丈夫的「手尾」。丈夫見太太怨聲消失，對自己的壞習慣如此接納，反而為自己帶給太太不便而感到愧疚。為回饋太太無條件的愛與接納，他願意學習改變。

我想，上天將兩個有着那麼多差異的人放在同一屋簷下，是要我們學習愛，也在被接納的環境下，去改變、成長。最終，對方不是被迫去改變，而是被愛打動，自發地尋求轉變，如此就成了以下美麗的拼圖：

夫妻如何面對差異

◆ 你令我生命化做傳奇

也許，趁着配偶酣睡的時候，試細看他的臉容，看看他有沒有因為和你生活多年而愈來愈美麗？

然後，試試問自己：與配偶認識至今，你與對方的差異之中，有哪一樣是直到今天仍然令你欣賞並為此感恩的？

又有哪些差異，是你仍然需要學習接受和容忍的？

又有哪些不同之處，豐富了你生命，甚至轉化你生命的祝福？

還記得《美女與野獸》的故事嗎？正是美女不嫌野獸的樣貌，無條件的愛他、吻他，令他從魔咒中釋放出來，最終回復王子的容貌。

我相信婚姻是一個成長的旅程。正是配偶與自己的差異，促使雙方一起改變、成長。

錦囊

不要強迫配偶改變，
而是**以愛打動對方**，
自發尋求改變。

性別倒轉

徵狀

丈夫沒演好男人的角色，妻子沒做好女人的本分，使雙方感到沮喪，致使不斷投訴。

2 打破性別框框

夫婦的相處跟性別的問題息息相關，這十多年來有關性別的討論，確是百花齊放、各有各精彩；尤其有關男性運動的討論，有時候甚至令今天的男性感到更加迷惘。究竟作為丈夫的男性，在兩性相處上該何去何從呢？本文試從男性的角度，看丈夫在夫妻關係中如何自處和成長。

男女大不同帶來的釋放與困惑

當John Gray出版了「男女大不同」一系列的暢銷書，兩性關係似乎尋到了一條出路——原來兩性來自不同的星球，於是各自說着自己星球的語言就不為奇。既在地球相遇，彼此言語不通，這種文化差異不免帶來兩性的衝擊，要和諧共處就要通曉另一文化的語言。所謂入鄉隨俗，我們若然費力地試圖改變對方的文化，倒不如學習解讀對方的語言系統，然後按他的需要，投其所好。例如男性需要躲進山洞安靜來處理自己的問題，女士們就不要呆在山洞口不斷叫喚他；女性分享是要得到情感的支持和共鳴，男人就不要像救火員一樣一味提供救火的方案。雙方都不要試圖改變對方，只要讓對方了解自己的需要。那麼，兩性就可以和諧共處，相安無事。

但令人困惑的地方是，不同的生活處境，需要不同的生活技能；有時候，男性的一套會比較有效，例如需要客觀理性來分析事情的利害關係時，太重感受可能真的有礙解決。但在另一些情況，例如想透過人際間的接觸得到滋養、需要細心聆聽和情感交流的時候，女性較易發揮的同理心，又會比男性更勝一籌。

所以，我們不應只停留在接納男女大不同，而要從對方身上，學習另一套語言和世界觀。

《美女與野獸》和《鐵約翰》之間的選取

男士們就算有留意有關男性運動的討論，對於應該如何選取個人發展方向，仍會感到一定的困惑。現試從兩個男性運動的經典故事說起。

《美女與野獸》的故事，簡言之是鼓勵男性透過與女性接觸，從女性身上得到解除自己受男性角色限制、咒詛的啟示。王子之所以變成野獸，是因為男性角色社會化（gender role socialization）的壓制，使他變得酷愛競爭、容易憤怒。解咒的條件，是要有一位女性無條件的愛他和接納他。野獸藉着與美女朝夕相對，終於感動了她；美女看透野獸醜陋的外表，引發他良善的一面，最終野獸變回王子的樣貌。這個故事背後是對傳統男性特質的一種批判，並鼓勵男士應發展女性特質。

《鐵約翰》是美國詩人 Robert Bly 在帶動九十年代男性運動的一個主題故事：小王子失去了金球，卻被鐵約翰撿去了，王子要悄悄從母親的枕下，偷取釋放鐵約翰的鑰匙，才能換回金球。鐵約翰住在一個深井之中，渾身紅毛，是雄赳赳男子氣概的象徵。王子換回金球後，便跟隨鐵約翰遠走高飛。詩人認為今天的男性太過女性化，由於自小受母親的照顧，父親卻缺席，以致男孩未能順利脫離母親的影響。《鐵約翰》的故事喻表男士們要離開母親，從另外一位男性身上獲取雄赳赳的男子氣概，絕不可以軟弱無力。

那麼，問題是，究竟是由於男士們過於女性化，故此要重拾陽剛之氣呢？還是男士們被性別角色的框框所限，應該從傳統男性的枷鎖中釋放出來，發展內在的女性（feminine）特質？環顧香港男性的處境，我發現兩種情況都同時存在。大部分男士仍然帶着傳統男性特質，但亦有一些比較「柔弱」的男士，即人們稱之為「小男人」的一族。

我相信，每個人（不論男女）都有男性和女性的特質，只是主次和多少的分別，並且有時是因為社會化的緣故，未有機會發展和培養。所以，各人特質不同，《美女與野獸》和《鐵約翰》都可以是不同男性的起點，只要察覺自己屬於哪一種情況，因應個人處境來發展就是了，重要的是能將兩性的特質融和在個人之內。

以《美女與野獸》認同的男性為例，他的情況如下圖：

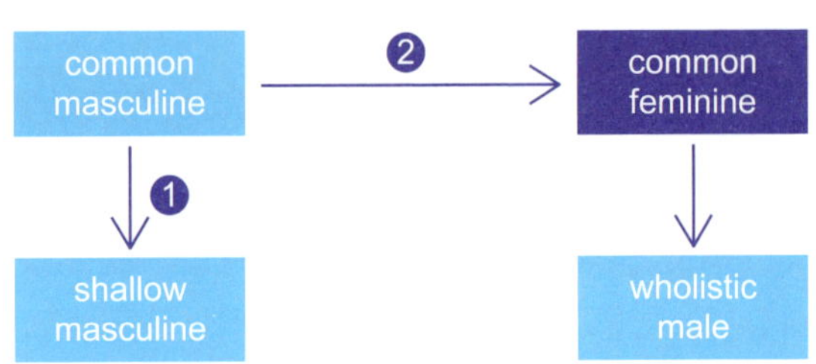

他（common masculine）若不發展女性的特質❷（common feminine），男性的表現就全變得空洞❶（shallow masculine），惟有願意觸及自己內心女性的特質，他才能成長為一個完整的男性（wholistic male）。

以《鐵約翰》認同的男性為例，他的情況如下圖：

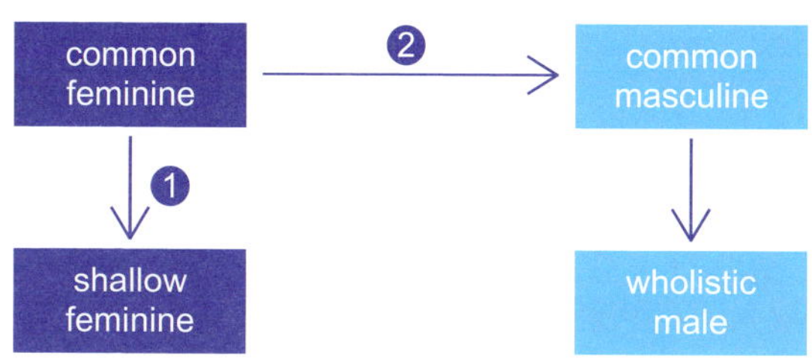

若自小就比較女性化（common feminine），又不發展剛陽的男性特質❷（common masculine），他便變成空洞的女性化❶（shallow feminine）：柔弱，內在情感過度沉溺。惟有當他觸及和發展男性的特質，才能夠取得平衡和完整的發展（wholistic male）。

兩性融和是成長任務

成長心理學家 Gail Sheehy 對兩性融和有以下的觀察。從生理和心理來說，出生後首十年，男女的差別不大；踏入青春期，兩性的分歧愈來愈大，而兩性差異的高峰期是近四十歲時，之後，兩性又漸趨接近。而兩性能愈來愈融和，其中一個主因是婚姻中兩性親密的相處。

兩性成長發展圖

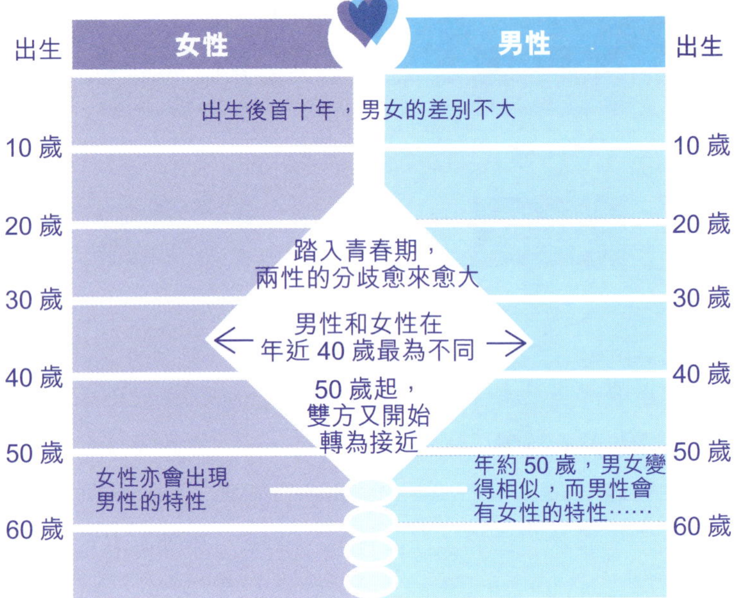

夫婦相處中的兩性融和

以前，曾與蔡元雲醫生一同舉辦過不少以性別為題的工作坊。蔡醫生曾經提出一套兩性融和的模式，極具啟發性，在此借他的心得，為大家展示夫婦相處中微妙的兩性融和關係。

先為男性和女性特質來一個概覽。據蔡醫生的研究，男性和女性的特質有八個不同的向度。相信大部分人都會認同，這是傳統對男性和女性特質的分類，也有人會說，這些特質應該是人性中共有的，不應分為男性的或女性的。不過，如脫離了既有的分類會較難作進一步的討論，就讓我們先接受這個分類，再作進一步的陳述。

男性和女性特質的向度
（Dimensions of Masculinity and Femininity）

八個向度 Eight Dimensions	男性 Masculinity	女性 Femininity
1. 本質 Essence	主動 Initiation	回應 Response
2. 動力 Drive	權力 Power	親密 Intimacy
3. 方向 Orientation	事務 Task	關係 Relation
4. 角色 Role	教導 Teaching	培育 Nurturing
5. 關係 Relation	主導 Dominance	倚賴 Dependence
6. 性格 Personality	能力 Strength	謙虛 Meekness
7. 溝通 Communication	理性 Rational	感性 Emotional
8. 成熟 Maturation	分離 Separation	相依 Attachment

夫婦相處中的四種配對

無論丈夫或妻子，假設各自都有男性和女性的特質，只是比例多寡而已。當二人彼此接觸和溝通的時候，會以某一特質作為相處的介面（interface）。以 MF 代表丈夫，MF 代表妻子，M 代表男性特質（masculinity），F 代表女性特質（femininity）。不同介面的組合，可以分為四種配對，每一種都有它可取的地方和陰暗面。現簡單表列如下，並試分析每一組合的相處情況。

男性、女性特質下的夫婦相處

MF 丈夫

溝通模式 Communication Pattern	親密 / 衝突 Intimacy / Conflict
1. M - F	性親密（男性主導） Sexual Intimacy（Male Dominance）
2. M - M	工作上的親密（權力鬥爭） Work Intimacy（Power Struggle）
3. F - F	情感親密（互相依賴） Emotional Intimacy（Co-dependency）
4. F - M	反向親密（角色混亂） Reversal Intimacy（Role Confusion）

1. 丈夫以男性特質，妻子以女性特質相處

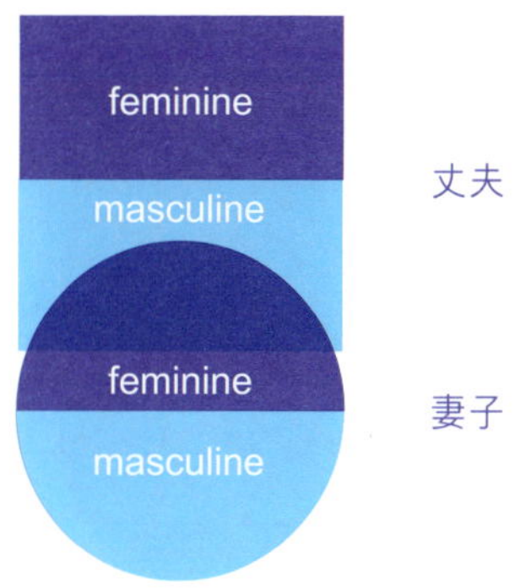

這可能是最順理成章的組合：丈夫帶領、妻子回應，也是異性相吸，各自流露自己所長的時候，最具體的表達是在性的親密上。但若丈夫過分男性化，剛強會變成剛硬；妻子過分女性化，溫柔也就會變成柔弱，甚至可能會形成如傳統父系社會般，男性主導和管轄女性的極端。

假如正需要丈夫作帶領時，他的剛陽之氣卻沒有發揮出來的話，女性就會被迫作帶領。不少現代女性的心聲，正是需要丈夫表達男子氣概的時候他卻欠奉；反過來的情況也會發生，例如丈夫期望太太能溫柔順服時，她卻剛硬起來，使丈夫在親近妻子的時候，嘗不到溫柔滋味。

2. 丈夫和妻子都以男性特質相處

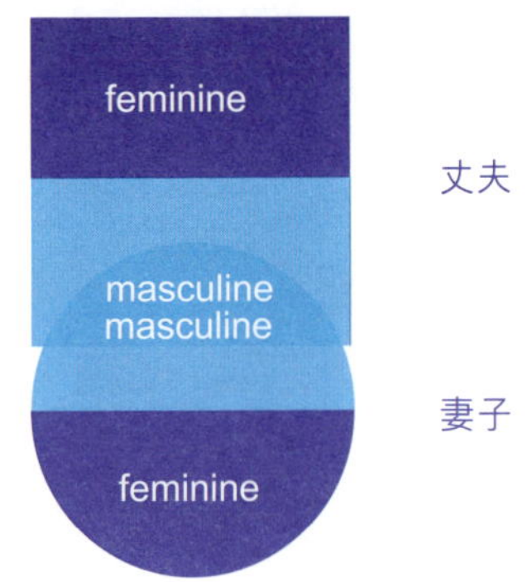

當大家共同面對難題或艱巨的挑戰時，夫妻二人都以理性、處理事務的態度，彼此討論和分工，這種一起工作的親密感覺，也是十分暢快的。我認識太太的時候，大家同在一個合唱團當職員，一起籌備音樂會時的合作和暢快，成為婚後面對家庭大小事務、理性分工處理的良好基礎。現代女性在外工作，很多時候都要以男性特質作介面；男士在工作場所，也有機會與女同事作夥伴。這種工作上的協作、親密，或許是兩性之間經歷得最多的一種。

當然，若過分逞強，也會落入彼此權力鬥爭的局面。今天我們實在不可輕看女性，君不見電視劇《宮心計》和《金枝慾孽》中的女性都是權力主導；現代的女強人若不能重拾一些女性特質，也可能令人覺得不容易相處呢！

3. 丈夫和妻子都以女性特質相處

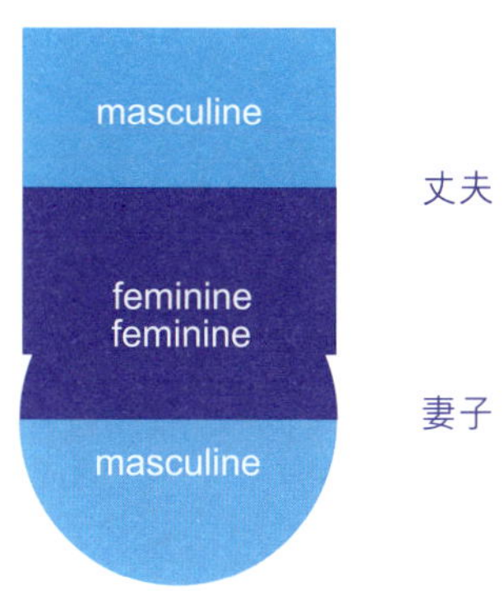

或許，這是女性最渴求的情感親密。當妻子向丈夫表達感受的時候，丈夫不要老是以男性熱衷解決問題的特質來回應，因為她需要的是共鳴，而不是男人的教訓或講大道理。懂得聆聽與回應女性的感受，達至情感上的親密，這是傳統男性需要發展和成長的領域。

在夫妻的相處中，這方面的親密尤其不可少，皆因情感的連繫給夫婦關係帶來溫馨和潤滑的作用。情侶在拍拖階段最懂得享受這種親密。不過，若抽離現實不顧，只顧沉醉在情感世界之中，就可能跌入相互依賴（co-dependence）的危險中。

4. 丈夫以女性特質，妻子以男性特質相處

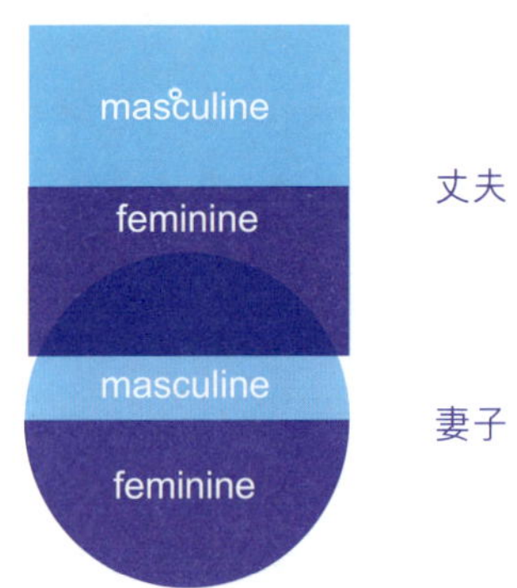

在經濟低迷的日子，不少男性在工作上遇到挫敗，情緒陷於幽谷。而不少女性在逆境當前，卻能以堅強、理性的態度去面對情緒化的丈夫。丈夫應該欣然接受太太堅強的一面，在情緒幽谷的日子過後，仍可重拾陽剛之氣。

但另一種可能是「女強人」遇上「小男人」。這種「倒轉」了的親密關係，即 Robert Bly 所指的男人太女性化的情況，在現代社會也是常有的。不過，女強男弱的組合，容易落入角色混亂的情況。在家庭中，很多太太的哀歎是被迫當女強人，她們並不介意在非常時期充當強者，但若可以選擇，還是喜歡自己的丈夫能做好帶頭的本分。

我們是「最佳拍檔」

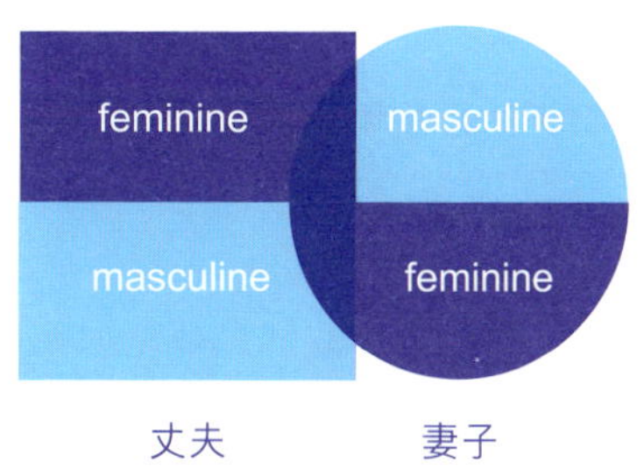

以上提及的四種配對，有如將某相處的介面作定鏡的分析，但現實中，男女相處時各自的性別特質是相對流動和彈性的。我想，夫婦的結合有着一個隱藏的課程（hidden curricular）——讓二人在近距離、緊密的接觸之中，向對方學習彼此性別的專長，並將之融入自己的性格之內，讓自我更豐富、更具彈性。

我理想中的夫婦相處模式，是按特定的處境（context）要求而選取最佳的介面，達致與配偶合作無間，可以一起分享感受、一起工作，你帶領、我跟隨；我軟弱，你扶持。當然，丈夫仍是以男性特質主導，妻子仍是以女性特質回應，但如遇上有需要的情況，夫婦間可以暫時「借調」角色，而不會感到被冒犯、被侵權。在千變萬化的世界中，讓夫婦間藉着愛與溝通，打破性別的框框，一起擴展和成長。

希望夫妻在性別上融和，促使二人成為「最佳拍檔」！

錦囊

讓夫婦間藉着愛與溝通，
打破性別的框框，
一起擴展和成長。

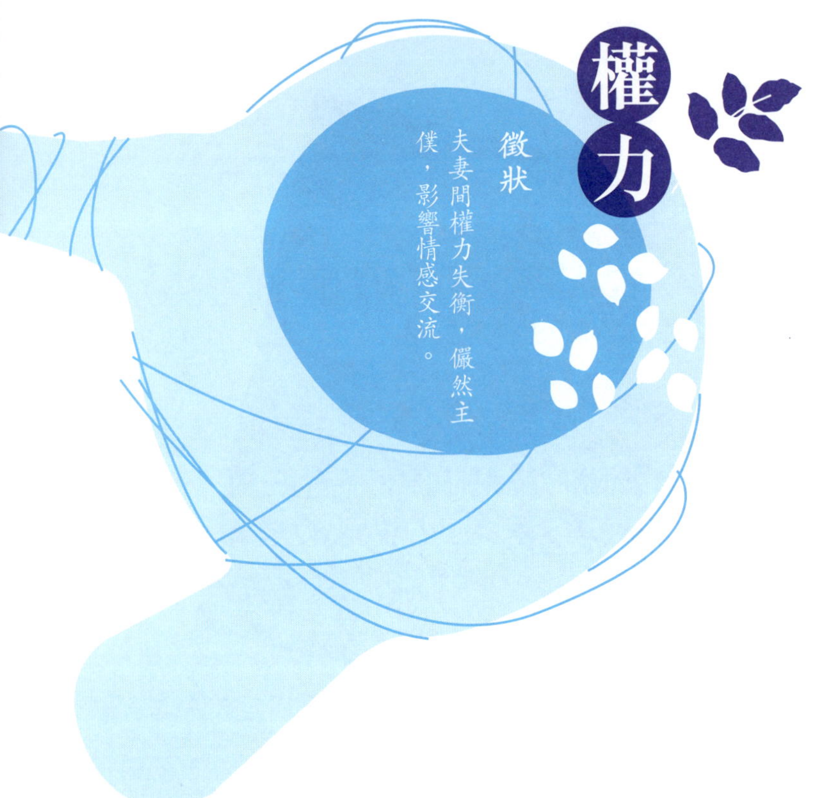

權力

徵狀

夫妻間權力失衡，儼然主僕，影響情感交流。

3　擺脫權力的拉扯

無疑，夫婦關係是一份愛的關係，但卻又不單是愛的關係——相信大家不會天真浪漫得沒有察覺到，這同時是一個充斥着權力衝突的關係。

夫婦間的權力互動，亦脫離不了性別角色的互動。傳統父權社會，男尊女卑、男主外女主內的權力與角色分工清晰，夫妻各安本位，角色上沒有矛盾，但權力失衡卻使夫妻關係變成像主僕般，缺乏相互對衡的情感交流。

今天兩性在權力上較以前平等，但性別角色卻起了巨大的變化，愛的關係也因着角色上的混亂，很多時候未能取得最滿足的互動關係。所以，我們若能夠在三者之間取得健康的平衡，可能是夫婦相愛和諧的出路。

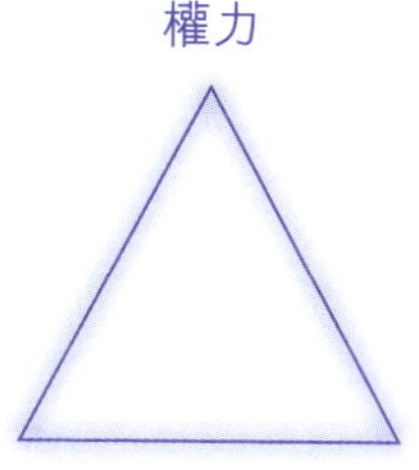

以下我嘗試以三個不同的夫妻互動模式，來看權力、性別角色、情感的連繫和愛三者之間的互動和此消彼長的情況。

1. 一種敢怒不敢言的「冷卻效應」（chilling effect）；
2. 在金錢被看作權力象徵的情況下，探討當太太的收入增加會帶來夫婦相處上的什麼挑戰；
3. 傳統觀念上，男性是一家之主，是一般擔當重大事情的決策者，而太太卻是決策背後的關鍵人物——這種帶領與順服的互動，在基督徒圈子的夫婦相處中帶來最多的困惑。

最後，我會以六種權力來源，來看丈夫在權力不斷「失勢」之下，在家庭角色上的危機（也可能是契機）。或許，解決方法是要歸回夫婦間的基本——以愛的力量，化解權力、性別角色上的失衡和混亂。

太太不投訴你背後的原因

有一點多數人該會同意，就是夫婦關係中的問題，多數是由太太提出來，男人大多不願面對，又或者男人在家庭生活中比較「無所謂」。我認為，只要太太的投訴不是人身攻擊，有投訴總比沒有好。

或許你會奇怪，為什麼有投訴會比沒有好呢？其實，若太太愛丈夫，珍惜彼此關係，自然對丈夫有期望。在需要得不到滿足時，向丈夫提出投訴是一件好事，至少可讓丈夫知道並有所改進。

研究婚姻關係的學者，發現一種「冷卻效應」，就是心中有不滿的夫婦，卻因為權力不均的緣故，令其中一方被迫忍氣吞聲，將投訴撤回。

夫婦間有着微妙的權力互動。例如，當太太知道就算自己提出投訴，丈夫也不會給予她渴望的回應，而太太不論在情感或經濟上很大程度要倚賴丈夫，這樣的權力不均，令太太不會敢於提出不滿。另外一種是懲罰性的權力（punitive power），當太太提出投訴，便會受到丈夫的「懲罰」，可能是言語或身體上的暴力，這樣太太也只可以啞忍。

除了權力不均外，婚姻的形態也會影響雙方是否敢於向對方投訴。在較傳統和疏離的婚姻形態中，夫婦比較看重關係的穩定性，相安無事是首要的考慮，所以當衝突出現時，會傾向採取逃避的方式。現代婚姻則較着重夥伴關係，夫婦之間比較平等，着重彼此相依，這類夫婦如遇到關係上的不滿，會傾向儘快處理，否則便會影響夥伴的協作。

這樣看來，當太太不再投訴，很大原因可能是彼此權力不均，又或者夫婦的婚姻形態比較傳統和疏離。相信這不會是你喜歡的情況吧！權力高低若太懸殊，像皇帝與婢女的關係，便很難發展出真正的愛情，始終愛情必須在互相平等的大前提下才成立。

夫妻相處真是很微妙。一方面，丈夫最怕太太嘮叨，但當她一言不發，明明有不滿卻在你面前噤若寒蟬，又會令你擔心不已。如何能在中間落墨，取得適當的平衡，確是夫婦相處的藝術。

當太太的收入增加

常言道：金錢就是權力。當太太的收入增加，是否就意味着太太的權力增加？而在此消彼長的情況下，丈夫的地位會否因此受到威脅？

一般來說，家庭供應者（provider）的角色是確定男性能力與身分的指標。上一代的丈夫覺得太太外出工作，代表他不能獨力「養起頭家」，是一種羞恥。所以，即使太太工作，只會說是「幫補家計」，或者「賺錢買花戴」而已。說到底，不少丈夫雖然接受太太工作，但希望太太的收入比自己少，否則，男性地位便受到挑戰。

可能太太也敏感到金錢的威力，明白丈夫脆弱的地方。所以，若丈夫失業，或收入比自己低的時候，她也不會以「賺錢多少」來作為決策權的本錢，只會透過游說或在家庭事務上的強項，來作出令丈夫不感到威脅的決定。這是兩性角色在這些敏感位置上的互動。

幾年前，翻閱一份專業期刊，專文的名稱是〈當夫婦計算他們的收入時，性別角色有多重要〉("How gender counts when couples count their money")。時移世易，太太的收入已經不像從前般會構成丈夫的威脅。調查發現，擁有高收入的太太，正如男性的情況一樣，會感到更加快樂和引以自豪。太太的收入愈多，愈能得到丈夫的欣賞和感謝，而且不再像上一代的女性，因為比丈夫多賺點錢而感到尷尬。反過來説，丈夫的收入若較低，並不會減少對太太高收入的欣賞，而只會為自己未能盡供養者的角色，怪責自己。

當我為年輕情侶作婚前輔導，也看到這方面的轉變：不少女性的收入比男性高。現代男性可能也怕單獨支持家計，所謂「公一份、婆一份」是大勢所趨，男士們並不介意太太的收入比自己的高。只不過，若可能的話，丈夫仍然希望自己「公這份」比「婆那份」高一點點。

我想，這種家庭收入的「結構性轉變」是良性的。太太的高收入，帶來的是丈夫的欣賞而不是抗拒，意味着「收入」不再是性別角色的分野所在。夫婦能以平常心來看彼此的收入多寡，共同為家庭付出，回報也是可以共享的呢！

順服丈夫有多難？

《聖經》教導，「丈夫是妻子的頭」（弗 5：23），所以，太太「當順服自己的丈夫」(弗 5:22)。這道理大家都明白，但實踐卻有相當難度，而難處是夫妻雙方都各有苦況。太太一方的投訴是：丈夫未能擔起領導之職，大小事情需由自己兼顧，感到無助和疲乏；有些太太則覺得丈夫的判斷力和決策力都不及自己，並不放心將決定權完全交給丈夫。但《聖經》明明說要順服丈夫，是不是要太太放下聰明才智「扮無知」？甚至明知丈夫的決定不理想，但若非事關重大，都讓丈夫作主算了……這是不少婦女內心的矛盾所在。

丈夫一方也有難處。不少丈夫的苦處是，既知道太太期望自己站出來作帶領，但每每作決定時，又似乎都要看太太的「眉頭眼額」，只敢選取她認為稱心的方案。說穿了，丈夫覺得自己不過是「橡皮圖章」，能令太太不反對或沒有異議，才算得上成功，根本不敢奢求作什麼主，遑論作領導了。

加上不少基督徒夫婦都是太太先信主，即或不然，不少丈夫都埋首工作，在屬靈追求上大多落後於太太，這個現實，使丈夫作帶領更增一定難度。

那麼，太太們如何達致《聖經》對當妻子的要求呢？

神造男造女的原意，是要我們彼此作夥伴，一同管理大地、管理家庭。神選擇男性作頭、作帶領，是將更大的責任放在他身上。若以耶穌作榜樣，祂是以僕人領袖（servant leadership）的方式去帶領，就是抱着服侍的心去帶領，並不以自己的地位是頭，就勉強他人順服。以身體作比喻，頭是收集身體各種需要的訊息中心，目的是了解身體的狀態，從而作出一個適合整體的決定。同樣地，丈夫作頭並不是將決定的成敗放在自己肩頭，而是要主動關心太太的需要，將問題與太太一同討論，聽取太太的意見後，共同作出決定，這才是作領導的風範。

丈夫若有一副願意付出、僕人的心腸，能主動關心，太太自然樂意順服。縱然丈夫偶然做錯決定，這也是共同的決定，夫婦二人應順服地共同承擔後果。這樣，順服丈夫就容易得多。

當權力來源轉移

夫婦關係除了是一份愛的關係外，當中也包含彼此權力的互動。

在傳統的父系社會，丈夫是一家之主，亦是經濟支柱，丈夫的權力凌駕太太是不爭的事實。但隨着教育水平提高，並投入職業市場，女性的地位不斷提升；不少丈夫感到自己不及上一代的父親，能享受到因權力帶來的優勢。

管理學專家 French & Raven 將人際間權力的來源分為六種，當我細心觀察和分析，現代丈夫真的失去了不少權力來源。看來男士們真要加把勁，將權力爭取回來，與太太一起共享！

這六種權力來源，下面來逐一檢視。

第一種稱為合法的權力（legitimate power），這權力是來自一個人的地位。傳統上，丈夫是一家之主，但在今天，沒有真正實力而以地位壓人絕非大勢所趨，就連公司的老闆也要以德政和才幹服人。現代丈夫不可再看自己為

「一家之主」是理所當然的事。

第二種權力來自你擁有一些對方想得到的報酬（reward）。在過去，經濟是丈夫最大的報酬權力（reward power），今天太太都成為家庭收入不可或缺的一員，丈夫似乎不能再從金錢得到權力。

第三種權力來自說服力（persuasive power）。男性善於理性邏輯，往往以解決太太的問題自居。可惜，今天太太與丈夫的溝通，是渴望得到情感的支持、共鳴多於問題的解決和分析。在不適當的情境錯用說服力，反會弄巧反拙。

第四種權力來自專業（expert power）。家庭是太太的「領域」，男士們最能稱雄的，充其量不過是做一些「粗重」事務、修理家居電器等，很多關於親子、夫婦溝通的事，反而要向太太學習。

第五種是強制權（coercive power）。或許不少丈夫自覺權力失去，在不能控制太太之下，出此暴力的下策。

最後一種權力來自個人的魅力，稱之為指向的權力（referent power）。我認為這該是丈夫其中一個權力上的「出路」。既然男士們在地位、報酬、說服力、專業上都逐漸失去權力（或說太太漸漸與丈夫看齊），而強行的方法又不鼓勵，這時候丈夫能夠帶領太太的，只能靠一顆愛太太的心。前文提到男士要以一種僕人領袖的態度來贏得太太的心，姑且說這是「愛的力量」（power of love）吧！

感激的經濟系統

這種愛的力量是在夫婦日常生活中體現出來的。雖然，日常的家庭事務如買菜、做飯、幫孩子溫習等，都是看似平淡和重複的任務，然而，正正在這些平淡的事務中，會有一種感受自然培養和流露，是一種令夫婦間非常親近和溫暖的感覺，是源自一種發現：對方默默的付出，有時候是多過他／她既定的性別角色所要求的；不是理所當然的，彷彿是一份對方給自己的禮物。

我自己就有一個例子。買菜這差事，大多是太太們職責範圍內的事。忘了從什麼時候開始，我每天下班回家都會途經菜市場；反正經過，我就順道買點餸菜回去。慢慢地，我每晚都會帶着一大袋餸菜、生果回家。對於我這個小小幫忙，太太在別人面前也曾向我表達過感謝！

這也是性別研究的社會學家霍奇斯柴德（Hochschild）提出的觀念，名為「感激的經濟系統」（economy of

gratitude）。這是一份「感激的收支平衡表」，也是夫妻相愛的基礎。愛是一種感激，因為知道那是對方送出的禮物，不是自己理應接收的，是對方「多走一步」愛心的表達。正因這緣故，接收的一方，很希望能夠回報對方，這就是「豐富的感激經濟系統」（rich economy of gratitude）。反之，在一個「缺乏的感激經濟系統」（scarce economy of gratitude 內，夫婦都沒有滿足對方的需要，於是也談不上有彼此感激之情。

透過服侍對方，就如獻呈了一份愛心的禮物，對方亦因此想還以一份感激的禮物；於是服侍人的就賺取了指向的權力，可以帶領對方。這也是今天男士們賴以帶領的權力。

僕人領袖——是今天男士們新的角色；指向的權力——透過「多走一步」所付出的禮物而獲取的權力。在這樣的互動下，就形成了「豐富的感激經濟系統」，也就是愛、情感連繫不斷增進的不二法門。

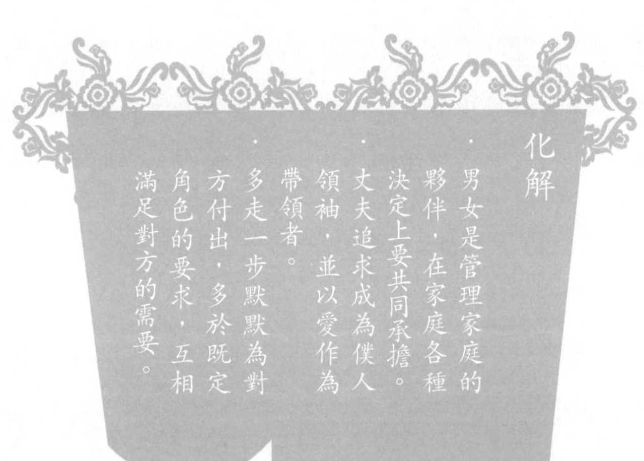
化解
・男女是管理家庭的夥伴，在家庭各種決定上要共同承擔。
・丈夫追求成為僕人領袖，並以愛作為帶領者。
・多走一步默默為對方付出，多於既定角色的要求，互相滿足對方的需要。

錦囊

權力是透過服侍對方賺取的，
就如獻呈了一份愛心的禮物，
對方亦因此想還以一份感激的禮物。

疏離

徵狀

夫妻間無法協調親密與疏離，關係中的信任大受打擊。

4 調節親密與疏離

夫婦的結合是為了解決獨個兒的孤單，渴望在人生的旅途上走時，有伴侶相隨，互相支持，滿足我們對親密的需要。雖然這是一般人的想法，但卻忽略了夫婦對親密的需要有不同的深淺和頻率，即所謂「親疏有別」。所以夫婦在不同的人生階段，在連繫（connectedness）與保持距離（separateness）這兩個帶着張力的需要上，要經常作出調節。

夫婦舞蹈（Couple Dance）

連繫與保持距離的需要，我們可以以一場夫婦舞蹈（couple dance）來理解。舞蹈是指夫婦重複的相處互動或一些惡性的循環。

Feldman 及 Pinsof（1982）描繪了一個循環圖表，描述夫婦在親密或連繫上有衝突時，怎樣維持這種有問題的舞蹈。

總括來說，配偶對親密和保持距離兩方面都有一個平衡點，過了平衡點就出現焦慮；而處理這些親密或分離的焦慮的夫婦互動，形成不同的夫婦舞蹈。

夫婦有問題的舞蹈得以維持的互動模式
(Problem-Maintenance Model)

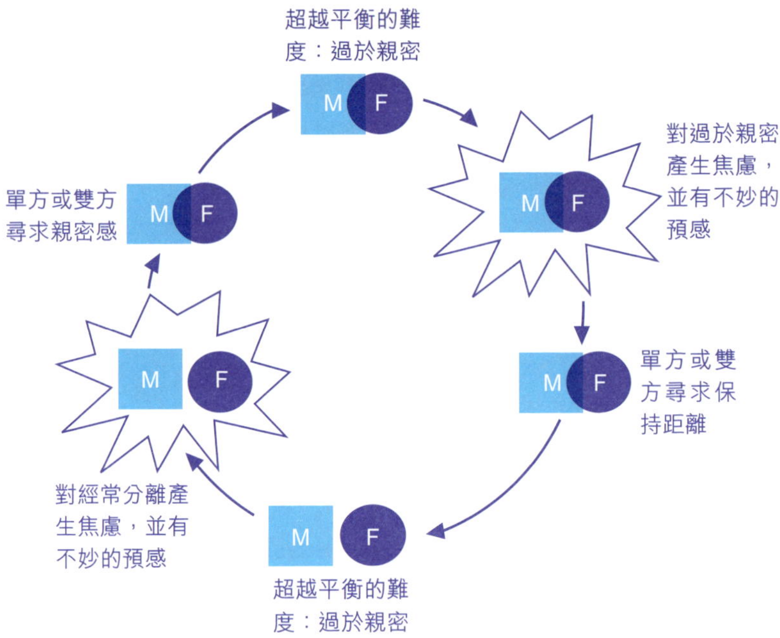

五種夫婦舞蹈模式

Carol Middelberg (2001) 在一篇名為"Projective identification in common couple dance"的文章中，為我們分辨出五種夫婦的舞蹈，對我們了解夫婦關係十分有幫助，現簡介如下：

1. 衝突的舞蹈（Dance of conflict）

衝突的舞蹈指夫婦在處理親密而生的焦慮時，以攻擊及投訴回應。從深層的意義來説，這種舞蹈的出現是因為夫婦二人都十分脆弱和容易受傷，以致不斷重複舞蹈，轉入一個不斷升級的衝突，「你攻擊、我還擊」的循環。

2. 距離的舞蹈（Dance of distance）

距離的舞蹈，是當夫婦在處理親密而生的焦慮時，雙方都採用逃避或斬斷（cut off）的策略。這舞蹈是源於二人的自我形像低，對親密或衝突的容忍度也偏低。結果他們以抽離作自我防衛。一方抽離，引發另一方同樣以抽離還以顏色，製造彼此抽離的惡性循環。

3. 你追我走的舞蹈（Dance of pursuer / avoider）

這舞蹈由一個追逐親密和一個逃避親密的夫婦組成。一個追，一個走；一個匯入情感，一個以理性匯出，這是連繫與保持距離的互動模式中，最外顯的一種衝突，也是夫婦眾多舞蹈中最常見和最經典的。

4. 過分負責與不負責的舞蹈（Dance of over responsible/under responsible）

這舞蹈是從夫婦二人平等的關係，轉變成過分負責的「父母」與不負責的「兒女」的互動。過分負責的一方，否認自己有被關心和照顧的需要；不負責任的一方，卻漠視自己的能力和自主。女強人配上一個小男人是現代兩性關係中常見的，女的覺得丈夫缺乏領導能力，同時又投訴自己付出太多；男的覺得太太小看自己，但又對扭轉這個關係無能為力，有時又甘心享受不用負責任的輕省。

5. 三角關係的舞蹈（Dance of triangulation）

在三角關係的舞蹈中，夫婦親密的距離是靠第三者來調節。這名第三者可以扮演很多不同的角色，包括代罪羔羊、聯盟、英雄、復仇者或病人。一個缺乏自我分辨（self-differentiation）能力的人，容易用這三角關係的舞蹈，來調校婚姻關係中的親密距離。婆媳問題、子女介入，或是擔當聆聽者，或是抉擇效忠於誰，都是這類三角關係舞蹈常見的例子。

重組關係上的舞蹈

一個有效的婚姻輔導，目的不是解決單一的關係問題或衝突，而是作為婚姻關係的舞蹈教練，幫助夫婦了解自己的舞蹈，並且為何會落入這些不快的互動背後的原因。筆者嘗試列出婚姻輔導專家幫助夫婦了解他們舞蹈的步驟，希望增加夫婦自我察覺的能力。或者，知道對方的故事，明白他／她經常踏着你的腳不是出於惡意，自會樂意調節一下自己的步伐，令大家更和諧相處。

了解舞蹈的步驟

1. 寫下對方令你感到沮喪或不快的事情

不少夫婦都說他們很少衝突，其實大多時候都只在互相忍讓，息事寧人。所以，要幫助他們反省關係似乎沒有什麼可談。然而，沒有衝突不等於關係是滿足愉快的，要探尋他們關係上的舞蹈，可以從發問「他做了些什麼讓你感到沮喪呢？」開始。

2. 寫下你的情緒反應

配偶忽略的地方，往往就是人們最脆弱的情感需要所在，通常這都是人的基本需要，如得到接納、尊重、愛、關心等。若基本需要無法得到滿足，人就感到被忽略、拒絕、恐懼等。

3. 寫下你行為的反應

試圖應付這些困難的感受，找方法改變夫婦間的舞蹈。例如，抱怨、不理睬對方或自我抽離，而三種常見的行動是：

Move toward 走向
Move away 離開
Move against 敵對

想想你實際上做了什麼？又傾向於哪種行動方向。

4. 留意你的行動如何影響配偶的反應

這是舞蹈的互動及循環的部分，處理不好，會使關係變得愈來愈艱難和緊張。當你採取某些行動時，應該留意對方可能的反應。以太太追逐丈夫為例，當太太感到丈夫忽略自己（步驟 1：不快事件），她會感到失落（步驟 2：情緒反應），想丈夫珍惜自己多一點，便投訴他人在心不在（步驟 3：行為反應）；丈夫感到被怪責，他會在情感上「關機」，把太太推得更遠。

所以舞蹈的互動程式是：太太愈（投訴），丈夫愈（抽離）。

然後，夫婦倆就困在痛苦和孤獨中。

5. 互相提示相處已墮進那種舞蹈

當夫婦知道彼此都掉進某種舞蹈的陷阱，待平心靜氣時，就可回想有關他們舞蹈步伐的描述，然後將舞蹈叫停。例如：夫婦任何一方都可以在舞蹈開始時警告對方。最佳的情況是，夫婦共同發現問題出現，一起為舞蹈命名，就像「貓捉老鼠」。另外，說話以「我們」而不是以指控對方的「你」開始，如：「我們貓捉老鼠的舞蹈又開始了。」從察覺至描述舞蹈，並有勇氣彼此提示，這是夫婦走出情感斷線的第一步。

6. 寫下舞蹈背後隱藏的恐懼，並說出自己的情感需要

夫婦可以想想，在這沮喪或不快的事件中，觸發原始感覺是怎樣的恐懼，例如被遺棄或被操縱等。從表面上看，我的表現是投訴或抽離。但在內心深處，我只是覺得_______（選擇一個基本的負面情緒，如：悲傷、憤怒、羞愧、恐懼），渴望從對方身上得到_______（選擇一個基本的人性的需要，例如：得到接納、尊重、愛、關心等）。

當願意向配偶坦承自己脆弱的情感需要，而不再用一些負面方式去獲取或保護這些需要的話，雙方都會軟化下來（soften），視對方為朋友而不是敵人，或許有更大的心靈力量，嘗試改變這些慣性的反應和舞蹈。例如慣常追的一方知道只要自己不去追，對方便會主動回到自己身邊。而習慣走的一方，在對方停步後，也敢主動靠近對方。當大家之間建立起一份信任默契，明白對方不會因得到一些關懷就會將需求升級，就能幫助夫婦有效改寫他們的舞蹈。

化解

‧明白夫妻間對親密和疏離的需要有不同的深淺和頻率。

‧增加自我察覺的能力，互相調節，和諧相處。

‧坦承彼此的需要，願意互相配合，建立信任和默契。

錦囊

當我們願意向配偶

坦然承認自己脆弱的情感需要，

反得着更大的心靈力量，

嘗試改變這些慣性的反應。

有性無愛

徵狀

性生活不協調反映了夫妻關係中有着未解的結，不容忽視。

5 為夫妻性生活加添 Eros

記得數年前一本香港雜誌的封面標題寫着：「香港人沒有空做愛」，意指香港夫婦生活忙碌，連性生活也受影響。普遍來說，新婚夫婦的行房次數會比較多，性生活的次數是會隨着婚齡增加而減少。

但這報道卻令我反思，夫婦間的性愛豈不是最親密、最令人滿足、最能夠使關係更新的經驗嗎？為何如此美妙的一回事，香港夫婦都不珍惜？

我想起《聖經》如此描述夫婦的結合：

「當時夫妻二人赤身露體，並不羞恥。」（創 2：25）

「人要離開父母，與妻子連合，二人成為一體。」（太 9:5）

夫婦進行性生活時，是與配偶連合最具體的表現：丈夫的身體與妻子的身體連接起來，就是「二人成為一體」。事實上，「二人成為一體」不單指身體的連合，也包括身、心、靈的契合，就像基督教形容「天國」時的用語「應然卻未然」（already but not yet），應用在性愛中，則指夫婦二人已成為一體，但又未完全成為一體呢！

這樣看來，新婚夫婦性愛的次數雖比較頻密，卻未必能體驗性愛的深度。夫婦在身、心、靈的契合，是需要歲月來學習接納彼此的差異、不斷增進彼此的了解和親密，當心靈相通更多更深，身體的結合就愈能反映心靈的狀況。所以，我認為真正的性愛生活，是與自己的老伴在歲月的消磨中愈來愈深。

香港夫婦性愛次數少，真正的原因可能是被忙碌的生活和擔子壓得心靈缺乏空間，只有性愛的形（form）而缺乏契合之實（essence），次數自然減少。性生活是否頻密雖然並不是量度夫婦關係最佳的溫度計，但完全沒有性愛生活卻很可能顯示，夫婦關係有一些未通的渠、未解的結，不容忽視。

性與愛慕（Sex and Eros）的分別

在性生活中，心靈的契合十分重要，因為心靈契合是Eros（或可譯為「愛慕」）的層次。Eros最常見的翻譯是「性愛」（有時覺得語言有其局限，一些概念翻譯後總覺得不夠貼切），雖然Eros在性愛中是最實在和具體的表達，但沒有性（Sex），Eros 卻仍可以存在。

存在主義心理學家羅洛梅（Rollo May）就慨歎現代人的性生活中失落了 Eros，我們試看他如何將兩者區分。

性着重感觀上的快感，如何令性器官產生生理上的張力，並在高潮時釋放出來，他稱為快感與滿足的釋放（pleasurable and satisfying release）。但 Eros（恕我不用中文的翻譯）卻不是尋求釋放，它着重培養、共創及建構二人的世界（cultivate, procreate, and form the world）。

性是以高潮為最終的渴求，是以生理和動物性（zoological）作目標的表現；但 Eros 的目標卻是在喜悅和熱情中尋求契合，藉此共創一個新的經驗向度，使二人得到深度和廣度的擴展。

羅洛梅打趣說，性完結後，會想着穿衣服、回家和睡覺；Eros 卻相反，意識仍清醒，想着那所愛的（beloved），不斷追憶、回味那像鑽石不同面反射出來、叫人讚歎的體驗。

性與愛之爭

不少婚姻專家都有這樣的觀察：男人希望透過性去表達愛，女人卻需要感到被愛才對性有反應。簡言之，妻子傾向「先愛後性」，丈夫卻是「先性後愛」。丈夫通常投訴性愛次數太少，又或經常被太太拒絕；而太太卻反駁說丈夫不解溫柔，不先給她愛的感覺，硬着要幹，彷彿只求自己滿足，將性變成一種純生理上的減壓，完全沒有情趣和契合的感覺。

說穿了，歸根究底的問題是 Eros 的失落；當性生活刪去了 Eros（Sex - Eros），性行為就變得空洞；當性生活加上 Eros（Sex + Eros），那就是夫婦性生活的真正意義所在。

在解決夫婦性生活不協調的問題方面，近三、四十年來，透過 Master and Johnson 在性行為上的研究和發現，雖然解決了不少技巧上的問題，但夫妻之間的熱情，卻不單是技巧或環境氣氛的營造所能促成的。多了解和掌握何謂 Eros，性愛生活才能真正獲得滿足。

美滿性愛的八個特性

一位猶太教的神學家默基利（Marc Gafni）為我們描

寫了 Eros 的八個特性。當然，他的目的是讓我們體驗到，原來兩性間 Eros 的經驗，跟神人之間的宗教經驗也是共通的。基督教信仰中也有人與神聯合的追求，這種神人契合的經驗，也是可以用 Eros 來描寫的。

難怪《聖經》中的〈雅歌〉，長久以來被屬靈大師們引用為神人屬靈經驗的描寫，將〈雅歌〉中良人和新娘的關係，以靈意的解經方法，用作比喻基督與信徒親密的屬靈經驗。

不少讀者可能很難理解，為何《聖經》之中可以有那麼多「露骨」的描寫？甚至在教會傳統中，有一段時期以〈雅歌〉為「成年人」的書卷，年輕人不准閱讀。但細心和了解性與 Eros 分別的讀者就不難發現，〈雅歌〉並不是一本「性」的三級禁書，書中包含了很多情歌，描寫一位待嫁的新娘，如何憧憬和渴求與良人結合的愛慕之歌，是 Eros 的描寫遠遠多於性的暴露。

我嘗試以默基利提出的八項 Eros 經驗特質作嚮導，在〈雅歌〉中尋找 Eros 的蹤迹，讓大家對 Eros 有更具體的了解。

1. 強烈、深入，絕不膚淺的經驗（intensity）

Eros是強烈、深入，可歌可泣的經驗，是奪取了對方的心，互相擁有對方的全人。〈雅歌〉對愛情最高度的描寫也是這樣：「求你將我放在你心上如印記，帶在你臂上如戳記。」（雅8：6）「印記」和「戳記」意思相若，是一種蓋印以示擁有權的意思。Eros是將自己的心交給對方擁有，這種關係強烈的程度在〈雅歌〉比作：「因為愛情如死之堅強，嫉恨如陰間之殘忍。所發的電光，是火焰的電光，是耶和華的烈焰。」（雅8：6）這Eros構成愛的關係，堅固之至，死才能將之分開，若因第三者的介入所帶來的嫉妒，有如在陰間一般痛苦，而兩個人相遇時所擦出的火花，是神聖而絕不膚淺的。

2. Eros帶來歡愉（pleasurable）

Eros的歡愉是比快感更滿足。當然，夫妻之愛，若Eros加上性愛在身體感官上的強化，那歡愉會加倍。〈雅歌〉中不乏這種歡愉的描寫：「你的愛情比酒更美。」（雅1：2）、「我所愛的，你何其美好，何其可悅，使人歡暢快樂。」（雅7：6）

魯益師（C. S. Lewis）在《四種愛》（*The Four Love*）

一書中，描寫 Eros 時，以將對方吃進肚裏來形容那種歡愉。〈雅歌〉也有類似的描寫：「願我的良人進入自己園裏，吃他佳美的果子。」（雅 4：16）

3. 一刻永恆（infinity of the moment）

在 Eros 的經驗中，相愛的人享受共處的時間，時光飛逝也不自知，彷彿時間停頓了，一刻永恆。〈雅歌〉沒有這方面時間上的直接描寫，但卻用一些事物的流轉，來暗示時間在流動，如：「北風啊，興起！南風啊，吹來！吹在我的園內，使其中的香氣發出來。」（雅 4：16）「為我的良人下咽舒暢，流入睡覺人的嘴中。」（雅 7：9）睡覺彷彿是指時間停頓了似的。

4. 他者為主體不是客體（other as subject not object）

男性在性方面有一現象頗叫人擔心，稱之為「非關係性的性」（non-relational sexuality）。眾所周知，男人是受眼目所挑動的，而濫交的男士，是可以與不同（甚至不認識）的女性發生性行為。Playboy 的哲學，是鼓勵男性像捕取獵物般看女性為性發泄的物件（object）。

但真正的 Eros 是兩個主體的相遇，看對方是有情感、有血有肉的個體，不容我們玩弄。在對方不情願下，Eros是不可能產生的。〈雅歌〉中有一段重複出現的副歌或主題：「耶路撒冷的眾女子啊，我指着羚羊或田野的母鹿，囑咐你們，不要驚動，不要叫醒我所親愛的，等他自己情願。」（雅 2：7）

兩情相悅、彼此情到濃時，Eros 就存在於兩個主體之中。

5. 全然的施予與接收（radical giving and receiving）

真正的 Eros 是不以自我為中心的，不會只求在關係中得到好處，或只想滿足自己的需要。Eros 是全然的施予，但在施予的同時，你又會獲得最多、接收到最美妙的東西。這種美妙，也許要經歷過這種全然付出與接收的人才能明白。〈雅歌〉中的新娘也是這樣：「我們早晨起來往葡萄園去，看看葡萄發芽開花沒有，石榴放蕊沒有，我在那裏要將我的愛情給你。風茄（一種催情果）放香，在我們的門內有各樣新陳佳美的果子，我的良人，這都是我為你存留的。」（雅 7：12-13）

就算是在夫婦性愛之中，彼此擁抱、愛撫對方，是希望對方感到舒暢，在這送出與接收之間亦是獲得最大歡愉的一刻，是付出還是接收，似乎已經混為一體。這就是 Eros 美妙之處。

6. 及 7. 尋獲真我（defining of self）與勝過人際的疏離（overcoming alienation）

正如一個銀幣的兩面，這兩點可以一併討論。

Eros的出現，標誌着兩個人放開自己的界線（loosening of boundary）。在性愛時，雙方脱去衣服——衣服是一種個人的界線——赤身露體也不覺羞恥，這種夫婦間的赤露敞開，不單是身體上，更是象徵心靈的透明（transparency）。當丈夫的陰莖進到太太的陰道，是一種很神聖的接觸，是代表一個生命融入另一個生命最具體的表達；所以，丈夫的進入（penetration）是需要太太認可和引進的，強行進入是一種侵犯。當夫婦二人融合一起，人際間的疏離自然消失。在這過程中，我們彷彿失去自我，但又在與配偶聯合的一刻，確認自己真我的存在。似乎是放棄控制權（give up control），卻在放手（let go）中尋獲自我。因為這是一個人在知、情、意、身體各方面全然投入（totality of being）的過程，故此自我的確認更真切。

〈雅歌〉在「我與你」（I - Thou）的關係上，是有一彼此相屬的進深過程。起初她說：「良人屬我，我也屬他。」（雅 2：16）中段她改口說：「我屬我的良人，我的良人也屬我。」（雅 6：3）這是先後次序互換的宣告。最後她說：「我屬我的良人，他也戀慕我。」（雅 7：10），這句話與〈創世記〉遙遙呼應。〈創世記〉講及始祖亞當、夏娃犯罪後，神對男女的咒詛是「你必戀慕你丈夫，你丈夫必管轄你」（創 3：16）Eros 不再是單方面女人戀慕丈夫，而是丈夫也戀慕妻子。這種彼此戀慕的滿足和美好，不單能驅走孤單，更幫助我們進到 Eros 最後一個特質。

8. Eros 幫助我們飛越俗世間的困迫

Eros 是需要一個距離空間作調適的。夫婦二人都有工作及家庭各樣的煩惱，正如〈雅歌〉不斷提示：「……他在百合花中牧放羣羊。我的良人哪，求你等到天起涼風，日影飛去的時候，你要轉回。」（雅 2：16-17）常言道：「小別勝新婚」，短暫的分開，是製造一個「為所愛想得出神」（preoccupied of the beloved）的空間。這種等待、重聚、分開、再等待的循環，也就讓我們嘗到真愛作為安息的空間（haven）。這樣，我們便有能力，飛越俗世間的困迫。

這種等候和渴望重聚，也就成為兩個相愛的人最大的生存動力。〈雅歌〉整卷書也是描寫這種 Eros 的渴求

(yearning)，詩歌的首尾都發出相同的呼喚，是 Eros 得到完成的呼喚。詩歌開始的時候新娘說：「願你吸引我，我們就快跑跟隨你。」（雅 1：4），詩歌的結束如此呼應：「我的良人哪，求你快來！如羚羊或小鹿在香草山上。」（雅 8：14）

但願夫妻的性生活，不因忙碌而失去了情趣，甚至熱情慢慢冷卻。反之，讓 Eros 去豐富性生活的體驗，在當中得到滋潤、歡愉，驅散疏離感，在施受之間找到真我，有如一刻永恆的美妙。

有基督教信仰的夫婦，也可以藉夫妻間的性愛（the Eros of sex），延伸我們對經歷與上主聯合的屬靈體驗。

化解

- 理解美滿的性生活絕不是技巧和氣氛營造能促成的。
- 在性中，加上Eros的元素，讓夫妻能真正享受性生活的意義。
- 檢視美滿性愛的八個特性，讓性在喜悅和熱情中達致契合。

但願夫妻的性生活，
使雙方在當中都得到
滋潤、歡愉，驅散疏離感，
在施受之間找到真我，
有如一刻永恆的美妙。

忙碌

徵狀

夫婦各有各忙，無暇相聚，削弱關係中的滿足感。

6　忙碌生活中的時間協調

對現代人來說，時間愈來愈寶貴，「時間就是金錢」。外傭在香港家庭有如此重要的位置，在於她為現代夫婦節省了不少應付家務的時間。

科技日新月異，電腦、互聯網、智能電話的出現，似乎打破了人與人之間地域上的隔閡，卻又令人們失去了界限。不少人的工作是要二十四小時全天候備戰的，回家後公務上的電話仍然不輟。

所謂夫婦生活，總不能脱離時空的框架；現代夫婦卻在時間走廊中「碰碰撞撞」——不論是由於二人生活節奏的緩急、相聚時間多寡的要求、彼此錯落的日程表，或某方對另一方經常遲到的不耐煩。總之，難得同時「相遇」，一起跳一場好舞。

對一些努力工作賺錢的夫婦，金錢並不是引致爭執的主因。相反，時間成為忙碌夫婦對於婚姻是否感到滿足的決定性因素。

我們大概已不再相信所謂優質時間的神話，因為關係的培養，需要以時間的量慢慢建立，不能一蹴即就。所以，「時間」開始成為婚姻研究專家的新課題，Dr. Peter Fraenkel 就寫了一篇名為〈時鐘、月曆和夫婦〉("Clocks, calendars and couples") 的文章，頗具啟發性。現抽取一些重點，與大家分享。

不同步・不同速・不同時區

夫婦在時間走廊中，可以有很多不協調的可能。

不同步（out-of-sync）：當丈夫想全力完成博士學位，太太卻已是高齡產婦，生育的計劃一拖再拖。

不同速（pace）：一個是緊張大師，出門前十五分鐘已穿好鞋子，苦候着還坐在梳妝桌前慢條斯理打量妝容的太太。丈夫不斷來回踱步，太太卻仍無動於衷。

不同時區（time zone）：丈夫喜歡活在當下，一切順其自然；太太卻活在將來，事事未雨綢繆。丈夫說太太有太多憂慮；太太說丈夫只顧享受，不作任何長遠計劃。

各自各精彩的日程表

現代家庭多是雙職夫婦，工作的日程或許各有不同：

有些輪班當值，有些是固定朝九晚六，有些別人下班後才是他們工作的黃金時間，如保險經紀。而且，工作時間亦不斷增加，雖然香港政府倡議五天工作，但大多商業機構或零售行業「打開門做生意」，時間分秒不容有失。一些居住地點偏遠的，每日可能還要花數個小時在交通之上，又或者北上工作的，只能在週末回港。

不禁慨歎，在時間上的競賽，工作與家庭，總是工作佔上風。

在這些雙職家庭中，就算張貼了雙方的日程表，讓夫婦好作安排、調動出入的時間，不會陰差陽錯的 overschedule；然而過分將日程表填得滿滿，連預留一些緩衝的時間都沒有。至於夫婦在時間上互相開「空頭支票」的情況，也是常見的事。

如果夫婦的姻親年老多病，或於某個季節特別多飲宴應酬，夫婦雖然住在同一屋簷下，也可能會聚少離多。最終，可能演變為互相指控，為時間上的安排不周而吵架，甚或連吵架的時間也沒有。

這是忙碌夫婦在日程表上的真實寫照。

在活動中的時間特性

就算在單一活動上，夫婦在活動的時間特性（temporal attributes of activities）方面也有差異，出現不滿足、不協調的情況。

在一個活動中，可以分辨出五種時間特性：

1. 活動在什麼時間發生（position of occurrence）
2. 活動的時段有多長（duration）
3. 活動進行的速度（pace）
4. 活動在某一時段內進行的次數（frequency）
5. 活動是否有時序性（sequence）

試以夫婦在性生活時間上的錯配為例：

時間上：夫婦喜歡在睡前（晚上）和醒後（早上）做愛，或在一星期中的哪一天做愛都有不同的偏好。

在時段長度方面：太太可能希望前奏時間長一點，丈夫卻急着要進入高潮。

在進行的速度上：太太認為丈夫上下的抽送可能太慢，又或者認為對方高潮來得很遲。

次數方面：性愛的次數是夫婦經常的爭執來源。一般來說，丈夫認為次數太少，而太太卻覺得已經很多。

時序性：我聽過有太太因丈夫不願意行房前洗澡，而給他吃閉門羹。

性愛是夫婦間享受親密的時光，但在時間上的差異，竟然可以出現那麼多的可能。可見夫婦在牀笫間的協調，是一門高深的學問，能夠水乳交融、獲得滿足，可以說是夫婦在時間上「舞蹈的藝術」。

時間管理與婚姻滿足度

讀到這裏，也許你也不難認同：夫婦在時間、節奏上的管理，與婚姻是否滿足，有着決定性的影響。

其實，不同階段的婚姻生活，都需要重新調校和定位。例如，本來是二人世界的，添了一個小寶寶，夫妻的時間運用就會起了翻天覆地的轉變。二人世界的時間少了，照顧小寶寶佔去了大家的私人空間；而多了一個小人兒，增加的家務似乎不成正比等等。所以，每一個重大的生活轉變，都需要一個過渡期（transition），也要容許一段混亂期，直至找到新的平衡點。這個時候，正正考驗夫婦

的溝通和適應能力。當新的平衡點能滿足雙方的期望，便可以說夫婦的時間管理有效，和諧流暢的生活節奏也會重現。

事實上，在取得平衡的過程中，也反映出夫婦相處背後的親近和權力的互動。回望我在中年轉工的決定，感謝太太給予我抉擇的權力。比較從前做青少年工作時，教書生活節奏較穩定，也不用輪班工作，心靈空間寬廣了，和太太也多了二人世界的時間。所以，這個新階段的平衡點背後，是我們夫婦關係近了，也有較多時間管教年幼的兒子呢！

時間的迷思

管理時間，就像馬戲班裏的魔術師要同時拋接多個半空中的球一樣，夫婦也要不斷平衡、不斷轉換和重新拋擲。我們大概不會再相信不用編排時間，事情就能自然發生（myth of spontaneity）；或許較正確的說法是：要計劃那不能計劃的時間（scheduling unscheduled time）。

其中一個管理時間的迷思，是我們理想地將所有應做的事情放進日程表內，這稱為「無限完美的迷思」（myth of infinite perfectiality）。編排優先次序似是老生常談，然而我們都要學習捨棄那些次要的事來完成最重要的事。

此外，也要接受人生中必然會有難以預計的突發事件，原定的計劃可能被迫遲延，甚至無法完成。我們若相信「時間能完全受控制」的迷思（myth of total control），換來的只會是挫敗和失望。

如何在時間廊中親親愛愛

Peter Fraenkel 在他的文章中，有兩個有趣和有效的建議，讓夫婦在忙碌的生活中，仍然能把握時間相親相愛。

1.「減壓室」

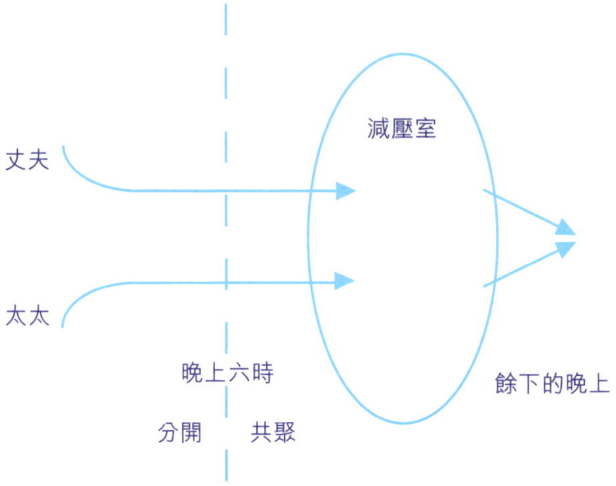

第一個提議是「減壓室」（Decompression Chamber）。他發現，夫婦下班、回家的「轉接」反映了各有不同需要：太太可能想傾談共聚，丈夫卻可能想安靜看報；雙方的減壓（unwind）方式不同，往往帶來衝突。這個習作是讓夫婦視「過渡期」如一個「減壓室」，各人先將自己減壓的方式分享，再共同協議一個大家都接納的先後次序，例如：回家後丈夫先擁抱太太一下，然後太太讓丈夫看半小時報紙；之後，丈夫再與太太閒談 15 分鐘作減壓。這樣協調出來的先後次序，是舒緩夫婦間不同步（out-of-sync）的情況。

2.「60 秒快樂時刻」

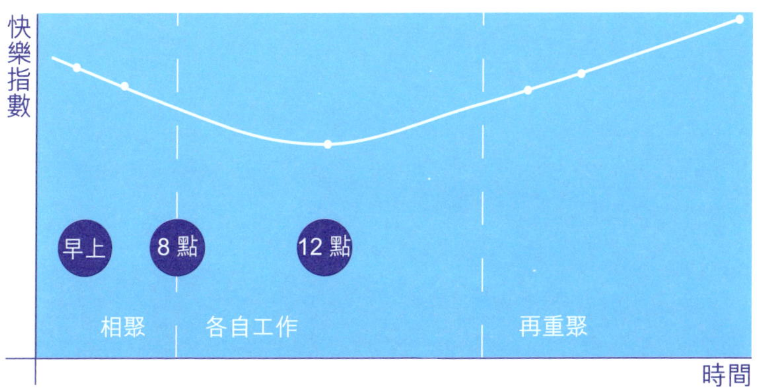

第二個提議是「60 秒快樂時刻」（The 60-second Pleasure Points）。60 秒不過是很少的時間投資，但在短短 60 秒中，可以製造一些連繫的親近，例如一個 goodbye kiss、一個擁抱、午間一個 WhatsApp 或電話，或睡前一起禱告等。

如果一天之中有六次「60秒快樂時刻」，平均分佈在一天之內，加起來也不過是6分鐘，但若將這些小點連上來，就能加強親密的感覺。當然，這不代表可以用來取代較長的相聚時間。

這些小小的習作，能幫助夫婦在時間走廊上，少一點碰撞、多一點親近。希望對你也有幫助吧！

錦囊

生活那麼忙，
夫婦在時間走廊上，
要少一點碰撞、多一點親近。

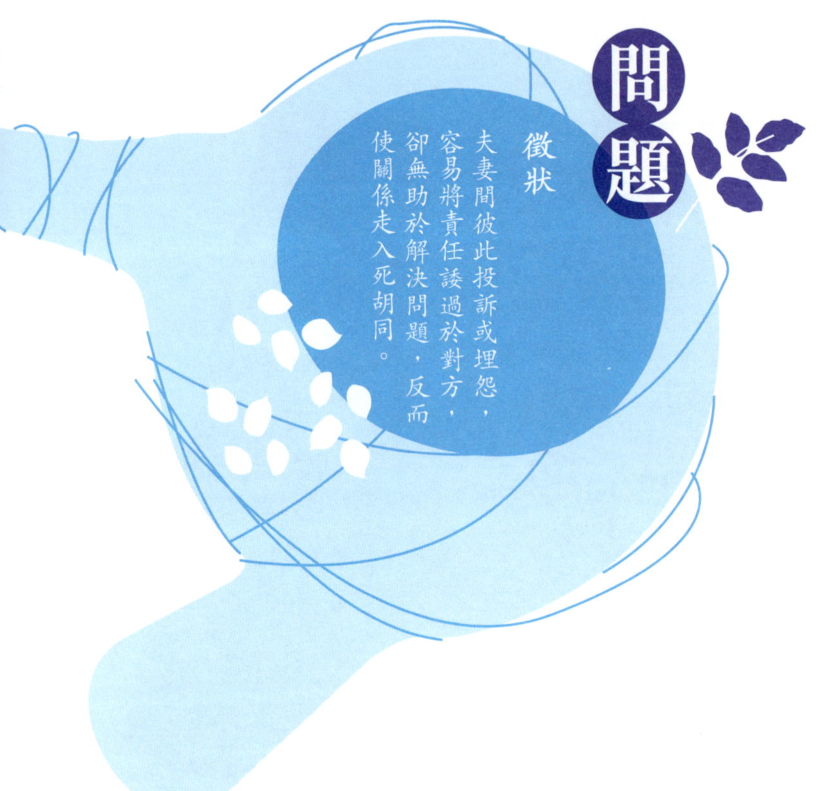

問題

徵狀

夫妻間彼此投訴或埋怨，容易將責任諉過於對方，卻無助於解決問題，反而使關係走入死胡同。

7 別老在找問題兇手

作為婚姻治療師，輔導夫婦過程中都會採用不同的介入技巧。我經常想，在心理資訊、自助心理學書籍都多不勝數的年代，夫婦不妨認識和掌握一些有用、容易理解和應用的輔導方法，除了在問題出現時可以嘗試應用之外，也可以作為預防。

筆者在輔導夫婦的過程中，經常採用近年相當流行的「尋解輔導模式」(solution-focused)。這個輔導方式有幾個特點值得參考，能幫助不少夫婦避免把問題惡化，或卡在一些無謂的爭拗當中。

不少夫婦把解決問題的精力，都放在尋找問題的根源，志在找出誰是問題的兇手。然而，「尋解輔導模式」則強調把着眼點放在將來 (future oriented)，擺脫尋找問題根源的做法，轉向從問題的出路 (solution) 入手。

以出路為本的輔導模式

1982 年，這模式的發起人之一狄世沙 (Steve de Shazer)，在一次輔導經歷中接見一個家庭，當他問及家庭成員求助的原因時，成員七嘴八舌的，互相打岔，結果共提出了27道問題。一次拋出這麼多問題，根本不能每個問題都具體分析，這令狄世沙十分迷惘。為了給這家庭一些鼓勵，他建議各家庭成員留意，有哪些發生在他們生活的事仍想繼續發生（What is happening in your life that you want to continue to have happen）。兩星期後，這家庭再次回來，表示他們相處得很好，問題已經解決。狄世沙發現，原來問題（problem）與出路（solution）是沒必然關係的。這鼓勵了他繼續探索從問題為本（problem-focused）轉向出路為本（solution-focused）的理念架構轉變（paradigm shift）。

這輔導模式相信，人是不斷地轉變，既然我們不能改變過去，就應將精力聚焦於將來，而這也是相信人要求變，與其在死胡同愁煩沒有找到出路，便應另尋新的方向，輔導就是製造一個可以轉變的空間，讓夫婦共創美好的將來。

這輔導模式有幾個重要觀念是值得夫婦學習和掌握的。包括：

1. 由投訴者（complainant）轉變成為顧客（customer）。
2. 「知道自己想要些什麼」與奇蹟問句。

3. 具體地表達自己在關係上的需要細節。
4. 努力無效，另尋他法（If it doesn't work, do something different）。
5. 當你們沒有問題的時候，就容讓多一些例外發生。

由投訴者轉變成為顧客

夫婦間的問題，最常見的是彼此投訴或埋怨，但這些對解決問題是沒有幫助的。當夫婦關係出現問題，投訴的一方在痛苦和憤怒的情緒下，容易落入一種「是對方令我這樣」的想法，一切都是對方的責任，要是對方改變了，問題就消失。固然投訴者有值得同情的地方，但我們得指出，有一些情況是投訴者可以控制的，卻不完全受對方影響。若要投訴者看到關係上正面的東西，就應將自己的心態由投訴者轉移到顧客。

以下兩條問題挑戰我們的投訴者心態：

- 事情本來可以變得更糟，但事實並沒有發生，可留意到配偶有什麼可取的地方？
- 假若配偶沒作任何改變，你要怎樣做？

「知道自己想要些什麼」與奇蹟問句

夫婦受着問題的困擾，被不快的情緒掩蓋，有時候根本難以了解自己真正的需要。如果夫婦想到一些具體的目標有助解決問題，就將精力投放在有意思的討論上，並計劃改變的方案。這也是「奇蹟問句」大派用場的時機。

奇蹟問句是由伯格（Insoo Kim Berg）和狄世沙發展出來的，是建立目標的常用面談技巧，典型的說法是這樣的：

「現在我問你一個奇怪的問題，假設今晚你們二人回家，吃過晚飯，上牀睡覺，之後有一個神蹟出現。這神蹟就是——你尋求輔導的問題得到解決。但是，因為你睡着了，不知道那神蹟出現。當你翌日早上起來，神蹟出現了，你會首先發現了什麼，以致你相信那神蹟真的發生，問題已經解決了。」

奇蹟問句之所以生效，是它幫助夫婦從問題思考的方式，轉向想像問題解決後的情況，同時拋開「如何」解決問題的複雜思考，專注於建立一些具體的目標。當夫婦愈來愈具體描述神蹟後所見的情境，他們就能更有效地確立想改變的目標。

這也是神蹟後第一個指標（first sign）的用意，可能只是很微小的，但積少成多，一些「小」卻較容易達到的目標，是繼續進步的基礎。

具體地表達自己在關係上的需要細節

當夫婦清楚了解自己真正的需要後，還要懂得傳遞給配偶知道，Hudson & O'Hanlon（1991）提議，用影像談（Video Talk）是最佳的表達方式，將投訴轉成一些「行動要求」（Action Requests），即是將你期望他的表現和行動具體描述出來，像放錄影帶一樣，不再以人身攻擊，指出他的性格缺陷。

我們經常有一個幻想，希望配偶是自己「肚裏的一條蟲」，不用表達，對方也能猜到自己的心思。但婚後就會發現，你不表達自己的需要，倒頭來是自己失望和吃虧。因為對方不是你「肚裏的一條蟲」，你不說出來，他根本不會知道，也不會猜透你的需要。

那麼，何為影像談呢？就是將你需要配偶為你做的事，以微細和形象化去表達出來，例如告訴對方：「你放工回家，當我開門迎接你時，希望見到你的笑容，給我一個擁抱，說你趕着回家看我，那我就會很開心。」

這簡單的話裏，期待着配偶有三個具體行動，包括：

1. 回家時展現笑容；
2. 給你一個擁抱；
3. 説趕着回家看你。

最重要還是當他做了這些行為後，能給你「開心」的感受。

你若如此具體表達，相信配偶是很難拒絕你的。

努力無效，另尋他法

尋解輔導的專家韋拿戴維斯（Michele Weiner-Davis）介紹了一個有關老鼠的實驗：將一隻老鼠放在有五條管道的迷宮裏，並在其中一條管道（如管道四）放了芝士。有趣的是，即使芝士已搬到其他管道，老鼠以後每次還是走到管道四。她用這小實驗解釋，當我們試過的方法有效，就會重複使用，卻沒有為意這些策略會阻礙我們找到新的處理方案。

應用在婚姻方面，就是當夫妻在婚姻中感到不快樂，便嘗試找出解決的辦法。若然成功便繼續快樂地生活下去。若方法不成功，就不應固執地試着同一個方法。簡單而言：要是這行不通，要試一些新的方法。這也是尋解面談的黃金定律：「努力無效，另尋他法」的意思。

在「另尋他法」上，這模式有很多富創意的做法，頗值得參考。例如韋拿戴維斯建議，嘗試一些令配偶驚喜的做法。一位丈夫經常不在家，致使太太不斷投訴，投訴又令關係惡化，韋拿戴維斯提議的「另尋他法」如下：

1. 當丈夫未回家時，太太也不要在家。讓他嘗嘗家中無人的滋味，同時太太也不會因苦等而令心情變差；
2. 回家後，不要問丈夫去了哪裏。其實男人怕女人追問，會感到被管轄；
3. 過去或會發怒，如今卻開心地迎接丈夫，令丈夫感到奇怪；
4. 太太不要像以往般隨傳隨到，不讓丈夫預測到太太的反應，改變過去夫婦一追一走的慣性舞蹈，反過來令丈夫對太太感興趣。

當你們沒有問題時，就容讓多一些例外發生

當夫婦停止了那些無效的行為，便可專注在尋找出路上。當然，這些出路與目標是吻合的。在尋找解決方法時，這模式最經典的技巧是例外問句，有人稱為「出路的

特徵」的尋索（searching for symptoms of solutions）。

以下的問題有助找出對你們婚姻有效的方法。首先，放下你們現正面對的問題，回想以前婚姻關係良好的時光，然後回答以下問題：

- 那時我所做的與現在有什麼分別？
- 我當時對待配偶的方法有什麼不同？
- 我當時的生活有什麼不同？
- 當時對方所做的有什麼不同？
- 他當時對待我的方式有什麼不同？
- 當時我們一起的生活有什麼不同？
- 我們的家庭有什麼轉變？
- 我們的好友和家人覺得我們當時的生活有什麼不同？

若果以上的答案沒有一個可行的，便問：它們滿足了我們什麼需要？

然後問：我們怎樣做才可滿足這些需要？

只要留心問題中的例外情況，能使你對關係有多一點盼望。你和配偶在婚姻道路上已經解決過不少難題，這些都是你們擁有的資源。緊記的是不要再沉沒於問題堆裏，倒要專注在出路上。

找到一些例外情境後，可以強化自己在這些經驗中的角色。

1. 澄清這些例外經歷的個人意義。例如，這些經歷表明你仍然愛對方、對關係的重視等。
2. 確立自己有自發行動的能力（establishing agency），尋解模式中也有這類稱為自發行動問句（agency questions），例如：「你如何使這例外發生？」，以加強我們的自信。
3. 澄清有效的自我談話（self-talk）。例如：「你對自己說了什麼話，或你思考了些什麼，令你踏出這一步？」
4. 例外經驗如何影響你對問題的看法（perception）？
5. 發問：「你們有能力令這例外發生，這例外告訴你們，你倆是一對怎樣的夫婦？」這提問令夫婦覺得二人並不是想像般那麼差勁，可以是一對很好的夥伴。

上文簡介五個尋解輔導方法，希望讀者不單能從中找到夫婦問題的出路，筆者最希望的是夫婦能放下彼此埋怨的習慣，對你們過去合作解決問題的能力具備多一點信心，努力嘗試正面表達自己的需要。當前路受阻的時候，你們要相信，路是一起走出來的。婚姻二人都有份，需要努力共同創造出來的！

錦囊

當前路受阻的時候，
你們要相信，
路是一起走出來的。

衝突

徵狀

夫妻發生衝突，往往不知為何發生，以致衝突不斷重演。

8 為自己的婚姻解結

讀者雖然不是從事婚姻輔導工作，但一些婚姻輔導大師的見解，對我們改善自己的婚姻，也是有幫助的。

在芸芸眾多婚姻輔導大師的模式中，我獨愛 Daniel Wile 的「協作夫婦治療」(collaborative couple therapy)。他的主張雖然不及 John Gottman 的流行，但業界人士對他都十分推崇。他的治療模式裏有很多精闢的見解，不過，不算容易掌握和運用，輔導員對自己內心要有深刻的了解才能應用自如。這種輔導模式着重夫婦二人的協作，輔導員要對夫婦關係片刻間（moment by moment）的轉變有細緻的觀察，並對他們有相當大的同感、共鳴，鼓勵夫婦勇敢表達自以為不配向對方表達的感受。要透過肯定自己的配得（sense of entitlement）來表達自己，尋回自己失去的聲音（loss of voice）。

長話短説，下面試介紹 Daniel Wile 提出的一些重要的夫婦相處互動觀念。

夫婦自我觀察員

在心理學中，自我形象的確立，是因為人能夠抽離自己，自我觀察，這稱為「觀察的自我」(observing ego)。有了這種自我觀察的能力，人才能正確地了解自我，從而確立自己的身分。

一個有趣的現象是，夫婦在衝突過後，往往對於當時彼此為何會大動肝火不得要領，甚至很多時候表示：不知為什麼會有這次衝突？這是很危險的事，除非清楚知道過程中發生了什麼，否則衝突很可能會重演。

Daniel Wile 輔導的進路，就是幫助夫婦培養出一種自我觀察婚姻關係的能力，他稱為「夫婦自我觀察員」(couple observing ego)。夫婦間的互動，是在片刻間就會改變的，惟有了解過程中問題的根源，否則很難改善相處。例如，Daniel Wile 描述夫婦可以在片刻間，將配偶當作同盟 (ally)、敵人 (adversary) 或陌生人 (stranger)，若能將內心這些轉變和掙扎，與配偶坦誠分享，二人便又可以轉而成為同盟了。

事實上，當夫婦激烈爭論的時候，是很難自我檢視的。所以，Daniel Wile 鼓勵夫婦最好能作一些修復的溝通（recovery conversation），例如回顧剛才的爭論，了解對方的反應為何有理（make sense），一同檢視為何剛才會將對方看成敵人，這樣夫婦便能進到一個更高層次的關係中（the relationship on the next higher level）。

不是解決困難，是解決那時刻

John Gottman 認為，夫婦間有七成的問題都是解決不了的。既然如此，我們除了學習彼此接納差異外，也要學習在不快的溝通中，解決當下大家的相處。

Daniel Wile 強調，我們的超自我（super-ego）有時候很強，會壓制我們對配偶的真正感受，這也是他所指「不配」（sense of entitlement）的意思。而我們自覺不配導致失去自己的聲音，在過程中，可能會採取了一些負面的方式來面對當下與配偶的關係，包括埋怨對方和抽離自己。這些都稱為不應效的下策（fall back measures），這些下策會使夫婦成為敵人和陌生人。

所以，能在當下學習將自己內心的矛盾，與配偶分享，等於邀請配偶成為解決困難的同盟。

下面是 Daniel Wile 一篇精簡而精彩的文章，就由他自己來解說箇中微妙之處吧。

〈向高一層次的關係進發〉

("Opening up a second level in the relationship")

Daniel B. Wile　蔡舒琪譯

關係恍如天氣，變幻無常。片刻間，你可以向配偶表現關懷，把對方化為盟友；亦可以表現逃避，把對方當作陌生人；或對對方處處攻擊，把他當成敵人。一句說話如「今日一整天上班我都覺得很孤伶伶呢。」可把配偶化為同盟；但一句「你想也沒想過打個電話給我的嗎？」卻能把對方設成敵人；而一句「今晚電視有什麼好節目？」連自己的感受也不多說，便會把對方當作陌生人。

你當然希望把配偶化為同盟，而且把關係永久保存吧。假設你是太太，正在與丈夫談話，丈夫說來說去卻仍然話不到題，你開始不耐煩，但為免激發衝突，破壞整晚氣氛，你設法找個不傷害對方感受的方法告訴他。於是，你選擇了保持沉默，但換來把對方當作陌生人——一個依然說話永不到題的陌生人。終於，你衝口而出：「你到底打算什麼時候才進入正題？」頓時，他變成了你的敵人，他的感受被傷害了，及後演變成一場罵戰，破壞了整晚的氣氛。雖說問題是釋放了出來，但連你也覺得自己剛才不無過分。

一段關係的質素，視乎我們如何對待身邊這個自己不斷製造出來的敵人（或陌生人）。你當然希望立即把他變回盟友，譬如對他說：「我沒想到自己竟然說出這種說話！」、「我剛才是過分了。」、「沒想到我竟會說出這樣難聽的話。」或「我是有感而發，但知道不應該以那種方式說出來。」等。這樣，你不但能讓對方知道你對自己失言有多後悔，而且在承認自己剛才把對方當作敵人的過程中，使對方轉回成同盟。這樣，你們便能向高一層次的關係進發。

這就是我要在此解說的一股新力量——一股能把自己製造出來的問題解決，把關係重新整治，並且推至更高層次的力量。如此，你便能把關係開拓至另一階段，成為瞭望台，滿有進展的，這關係是個共同的平台，建立出觀察的自我。

然而，可惜的是，我們很少想像得到有人能如此頭腦清醒、施然淡定吧。剛開始時，你並非如此平靜的，你當時好不憤怒，然後，在浴室裏你仍然怒氣沖沖，你對自己說：「他這個悶蛋，這麼多年了，都應該知道我的脾性吧，明知道我不會有興趣理會那些雞毛蒜皮的細節！」但撇下這個，你又冷靜地想：「我剛才那樣頂撞他，他也夠傷的了，真可憐！而且誰說我是好相處的呢？其實我一點不易相處。總是生怕沒有向那個悶蛋提供足夠提示，讓他知道我的感受。真是說不準誰比誰更慘？」

進浴室的時候你同情的是自己，出浴室的時候你同情的是對方——這正是你把他化為同盟的第一步。你上前對他說：「剛才那樣罵你真不好意思。」你希望他會回答說：「唔，多謝你這樣說。」但事與願違，他竟說：「就是啊，為什麼你總是這樣的呢？」聽罷你立即後悔自己剛才的道歉，顯然你已經成了他的敵人，迫使你非給他「回禮」不可，於是你開口對他說：「好，我在成熟地處理事件，而你呢？你偏要搞對抗，你好不幼稚！去死吧！」

但如果你能在未說出口之前，對自己說：「我當初的說話其實相當難聽呢，是我自己幼稚在先，我不能期望他就此好轉過來吧，他也需要時間回復嘛。」他拒絕了你的善意，把你當作敵人，你這樣內省反思有助使他變回盟友。你對他說：「不錯，我也不喜歡自己這樣。」在這刻，從他的表情你也看得到，他料你會報以另一句挖苦之言，但你這個柔和回答，完完全全地把他轉化過來，他說：「唉，我何嘗也不喜歡自己說話不到題。我知自己經常這樣，就像會在細節裏迷失方向一樣。其實我整天對人說話時也是這樣，我知根本沒有人在聽我說什麼。」他已經開始從你的角度看事情，因為剛才你就是從他的角度出發。他開始同情你有個說話不到題的配偶，因為你剛才同情了他有個罵人的伴侶。二人現在都退後了一步，來觀察剛才的對罵，但這次你們是從對方的角度出發。這就是向高一層次的關係進發。

我們固然希望讓這種高層次的關係逐漸成為我們與配偶的關係中的主流，但家家有本難念的經，各人有各人不易衝破的難關，而學習建立這種高一層次的關係可算是解決問題的良方。

雖然多年來你一直盼望把那些關係上的死結解開（譬如每次他說話不到題你就會很不耐煩），或者把那些日常的相處問題化成改善關係的導引，但這都是難以達成的目標。試想像如果能夠——最重要的是，你知道他會喜歡你這樣對他說：「我不是想說你，但我已不耐煩地開始跺腳了。」你知道他會把這句說話看為對二人關係的付出，與此同時，亦可避免大傷元氣——你裝作有興趣，他則扮作沒察覺你根本無興趣，因為只要其中一方停止偽裝，便會演變成衝突。

想像一下，如果他把你剛才的說話看成提示，而不是批評，他很可能繼而對你說：「對啊，你不說我也沒有為意呢。但我不斷繞圈子，自己也很煩惱，也不知道為什麼。」然後，你可以這樣說：「唔，可能就是你剛剛所說，整天都沒有人聽你說話？」這樣，你不但避免成為問題一部分——就是當了其中一個沒有聆聽他的人；你反而成了解決問題的一員——就是當了一個願意聆聽他的人。這樣，你成功把一個不斷出現、而且解決不了的問題轉化成一個提升親密程度的良機。

以下是此例子所帶出的理論：

1. 你不斷處於一種難以衝破的處境，你覺得有些感覺是不配表達出來的，因為一旦表達了，便會引起一方面的問題；而不表達，便會引起另一方面的問題。
2. 要解決這種難以處理的情況，我們得把關係開拓至高一個層次。但必先學習從對方的角度看事情，這就視乎你步出浴室一刻的感受。
3. 就算在這個時候，你亦不應期望對方已經回復過來。其實結果只視乎你如何內省反思，協助自己過渡那摩擦。
4. 終極的目標，是把你關係上的種種問題轉化成一個個建立親密關係的機會。

（原載於 Los Angeles County Psychological Association 於 2000 年 11/12 月出版之 *Los Angeles Psychologist*）

化解

・培養自我觀察婚姻關係的能力。

・抽離觀察與配偶間的互動，了解為何發生衝突。

・學習從不愉快的溝通中，一起合作解決矛盾。

錦囊

解決相處中的問題，
把關係重新整治，
讓愛昇華。

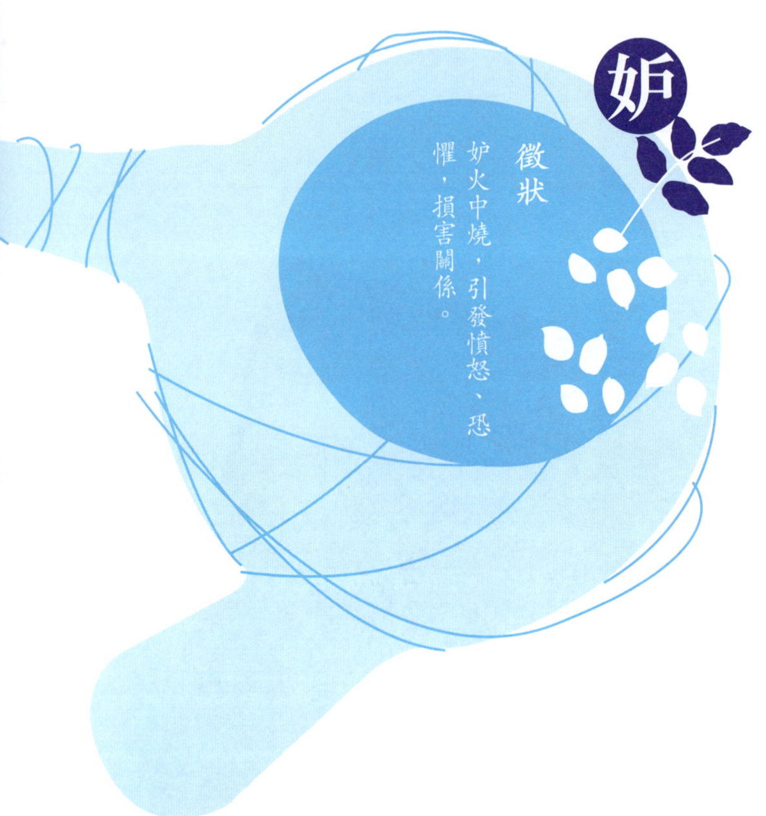
妒
徵狀
妒火中燒，引發憤怒、恐懼，損害關係。

9 說出來的嫉妒

以前讀過一篇報導：

「一名丈夫，發現從內地來港不久、任職酒樓侍應的妻子近日外出時常悉心打扮，懷疑她紅杏出牆，心情鬱悶下借酒澆愁；前晚當其妻回家時，趁太太洗澡的時候，他拿妻子的手機查看，發現儲存有多個『傳情短訊』，大發雷霆，持刀揮舞將妻子趕出屋外。其妻恐丈夫傷害仍在屋內的兒子，馬上報警。警方及消防到場游說，近三小時後將男子勸服拘捕，案件中無人受傷。」

嫉妒是一種奇怪的情緒，它能點燃一個人心中的怒火、羞恥，甚至引發威脅生命的暴力，就似這新聞中的丈夫，持刀揮舞，幸而沒有演變成倫常慘劇。但夫妻間不可能沒有嫉妒的情緒存在，聖奧古斯丁曾說過：「沒有嫉妒的，不在愛裏面。」(He that is not jealous is not in love)

男女之間，往往看對方的嫉妒作為「愛有多深」的指標，缺乏嫉妒就等同缺乏愛。或者說，愛與嫉妒是雙生的，嫉妒其實往是「愛的守護者」。

嫉妒是正常的嗎？

嫉妒是一種情緒狀態，嫉妒的人充滿恐懼和憤怒，是因他主觀感到自己珍惜的關係受到另外一位競爭對手所威脅。美國有一個全國性的調查，訪問婚姻輔導員，發現在他們輔導的個案中，三分一之多由嫉妒引起。

事實上，夫婦關係之中必然存在嫉妒，重要的是分辨這感覺是否正常。正常的嫉妒，就是在有真實威脅出現時，所產生的情緒反應。至於「不合常理的嫉妒」(delusional jealousy)，可為兩類：

1. 太濃：醋意太濃，不用專家也能分辨出是有點病態，就是沒半點證據仍表現出來的嫉妒，如一位丈夫懷疑他忠誠、可愛的太太，經常像間諜般監察她的生活，偷聽她的電話，翻查她的帳單，以找出她曾在什麼地方出沒；即使太太多次證明自己的忠貞和清白，他仍然不相信；

2. 太冷：過分冷靜，看到配偶與其他異性有親密的表現，完全沒有流露出絲毫嫉妒的反應。

容易挑動嫉妒的情境

以下是心理學家設計的量表，看什麼情境最容易挑動嫉妒的情緒。

1. 當配偶在身旁時，與他人跳舞。
2. 外出時打扮得漂亮。
3. 告訴配偶有人與自己打情罵俏。
4. 告訴配偶某人十分吸引自己。
5. 對配偶所做的表現得不予理會。
6. 假裝對其他人有興趣。
7. 與前度男／女朋友交談。
8. 穿着顯露自己身材的衣服。
9. 花時間在一些配偶不在場的活動上。
10. 談論自己參與過的活動。
11. 做一些配偶想做卻不能做的事情。
12. 外出，卻不邀請配偶。
13. 與配偶的朋友傾談。
14. 談論一位異性朋友。
15. 一位異性朋友來電。
16. 告訴配偶自己跟某位異性有很多樂趣。
17. 當配偶在場時，有異性朋友到訪。
18. 與異性打情罵俏。

以上均是容易挑動嫉妒的情境。不過，有否想過這種不好受的情緒，有時候竟是由配偶刻意挑動的？

美國 Southern Oregon University 的心理學教授 Gregory White，就曾經研究太太會否刻意挑動丈夫的嫉妒，以及背後的原因，他訪問了 150 位太太，結果如下：

1. 極少數是想藉此懲罰丈夫。
2. 8% 說藉此增強自我形象。
3. 10% 承認是想向曾犯錯的丈夫作出報復。
4. 38% 想增強配偶對自己的委身。這些太太認為，令丈夫相信有被自己吸引的對象存在，就會得到丈夫的委身。
5. 40% 的太太用嫉妒來測試丈夫與自己的關係有多緊密、有多強。

簡單來說，挑動嫉妒對太太有很多好處，包括增強自我形象、增加配偶對自己的委身，以及測試夫婦關係的緊密程度。

愛的陰影

雖然同樣的情境容易挑動起人的嫉妒，但嫉妒對不同的人卻有不同的含義。

研究嫉妒的權威派恩斯（Ayala Malach Pines）在著作《醋意的曼妙肌理》（*Romantic Jealousy: Causes, Symptoms, Cures*）中，稱嫉妒為「愛的陰影」（the shadow of love）。她認為，什麼因素將情侶拉在一起（或說是彼此吸引），他們嫉妒的表現也會與此有關，故此，這就是所謂「愛的陰影」。

以下是她建議的習作：

1. 回想過去

儘量回想你邂逅你的伴侶時的感受，對方有什麼最吸引你？是什麼令你認定，對方就是你願意分享生命的那一位？有什麼最重要的東西，是這份關係能給予你的？是安全感嗎？是被尊重和有人聆聽嗎？是有人欣賞和渴求你嗎？

2. 注目現狀

請從過去回到現在，想想什麼是你嫉妒最基本的元素，那把最痛苦的思想和情緒挑動出來的是什麼？是害怕被遺棄嗎？是被侮辱、丟面子？是失去自我形象？是被騙帶來的憤怒？

3. 關係中最痛

這份關係原初帶給你的，與你嫉妒時最痛的地方，會否有關連呢？

這是習作的第三部分，也是最困難、最具挑戰性，亦是最有意義的。

派恩斯舉例：一位太太與丈夫初墮愛河，他給予她像回到家一樣安全和穩固的感覺，但現在卻覺得被遺棄和只剩下孤單一人，以致她感到嫉妒，這就是起初被吸引與現在嫉妒挑起的痛苦彼此關連的地方。

這證明了嫉妒是「愛的陰影」，也提醒我們，我們不是被偶然捲進某段關係中，而是主動選擇進入的。可以說，是我們內裏的某種因素將我們牽引到伴侶身邊，亦正是這種因素使我們經歷如此獨特的嫉妒。

或許有人會以為，若然一個女子，她的父親對妻子不忠，她在擇偶時該會找忠實的丈夫，但事實卻剛剛相反，這樣的女士，往往會跟一個花花公子——與她父親相若的人——墮入愛河。這並非她想再次經歷童年創傷，而是她的丈夫與父親相近，能給女士一直渴望從父親得到的東西。弔詭的地方是，她既選擇了一個與父親相若的丈夫，同時最希望丈夫不會像自己的父親，希望他能給她忠誠和安全感，而這正是她童年最大的缺欠。

也許，嫉妒帶來的危機也是轉機，當我們細心尋索的時候，那愛的陰影就會顯露，讓我們看到自己童年的創傷，對愛、對安全感的渴求。認知（awareness）自己嫉妒的核心是什麼，是面對它的第一步。若看清自己害怕失去、害怕受侮辱、害怕被排斥、害怕孤單等種種嫉妒背後的誘因，就是擺脫嫉妒的鑰匙。

處理嫉妒之痛

當我們知道自己的痛處，面對嫉妒帶來的情緒反應時就較容易處理。

我們可以用行為治療的方式幫助自己，藉以下做法減少過敏情況（desensitization）的：

1. 列出一些引發你嫉妒的情境，並按挑動起嫉妒的強烈程度排列。
2. 慢慢放鬆身體的各部分。
3. 在放鬆的狀態下，從較弱到較強的情境依次回想，當想到最嫉妒的情況下，若能保持平靜，就算是成功。

但我卻認為這未算最積極解決問題的方法，相反，我比較贊成在平和的氣氛下，與配偶直接討論和分享嫉妒背後的需要，並一起解決不快的情緒。這同樣可分三部分進行：

1. 寫下令你產生嫉妒的情境。
2. 了解自己在這些嫉妒背後的痛處，以致痛處背後一些正面的需要。例如，需要感到被重視、被看為珍貴等。
3. 寫下願望，告訴配偶可以怎樣做來滿足你在第二部分的需要。

將這三部分的內容，與配偶分享，並聆聽對方的反應。正如 John Gottman 提出有關溝通的原則，要「軟起飛」（參頁 162），在適當時候，才作出對方接納你某些嫉妒情境反應的邀請。緊記這是邀請，不是要求（request not demand）。

我相信在雙方都期望解決嫉妒的大前提下，這是最佳的解決方法。

嫉妒的蹺蹺板

在夫婦關係中，一面倒的互動是不健康的，正如小朋友在公園玩蹺蹺板，兩端的重量不太懸殊才有趣。夫婦間的嫉妒情況也一樣，嫉妒的蹺蹺板一起一落，而不是大起大落，說不定或能增添夫婦間的情趣。

聽過這樣一個輔導故事：

有一位太太，發現丈夫對自己完全沒有醋意，感受不到他對自己的着緊和愛。因此，她甚為不滿，向丈夫發脾氣，常常打電話給他，令丈夫感到十分尷尬。

這位丈夫束手無策，向輔導員求助。輔導員建議他換轉角色（role reversal）——與太太相處二十年來，他該十分通曉一個嫉妒的人（他的太太）會有什麼表現。輔導員建議這位甚有演戲天分的丈夫，不動聲色地「扮演」一個醋意甚濃的丈夫。

以前，他很少在工作時間致電回家，現在卻經常用電話追問太太的行蹤。當太太打扮漂亮，他就表現懷疑，而太太向其他男性表達好感，又大表不滿。

成效是叫人興奮的：因為丈夫的關注和醋意的表現，太太滿足和欣慰，完全停止了嫉妒的行為，還對過去自己所做的表示歉意。

八個月後，太太仍然善待和愛她的丈夫。為了讓這個狀況持續，聰明的丈夫也不時扮演嫉妒者的角色呢！

嫉妒也能帶來好處？

《聖經．雅歌》的作者在論到愛情的偉大時，也沒有忘記它的雙生朋友——嫉妒：「愛情如死之堅強，嫉恨如陰間之殘忍。」(雅 8：6)

嫉恨好像陰間一般的殘忍，面對最深愛的有被人搶走的威脅，使人痛不欲生。試問，這樣殘忍的經驗，哪裏有什麼好處？

派恩斯在她的著作中，竟然能列舉九項嫉妒帶來的好處，看看你對這些好處能否產生共鳴？

- 嫉妒是愛的記號。
- 嫉妒是誘發委身的工具。
- 嫉妒為平淡的關係帶來刺激。
- 嫉妒教我們不要看對方為理所當然。

- 嫉妒使生命更加有趣味。
- 嫉妒令關係更長久。
- 嫉妒令配偶看來更令人渴求（desirable）。
- 嫉妒使人感到有生命力。
- 嫉妒促使夫婦檢視他們的關係。

這一切的總和，使嫉妒成為「愛的守護使者」。重要的是，我們願意檢視嫉妒背後自己的問題，處理嫉妒情緒的同時，能按實際情況來判斷自己是否有不合常理的嫉妒，並且願意坦誠將嫉妒背後的需要告訴配偶。

願這嫉妒的蹺蹺板，在夫婦之間輕輕擺盪，使愛之火不致熄滅。

當然，我們也不想要「嫉恨如陰間之殘忍」，所以，在個人立場來看，我不會刻意挑動配偶的嫉妒，也奉勸讀者不要玩火呢！

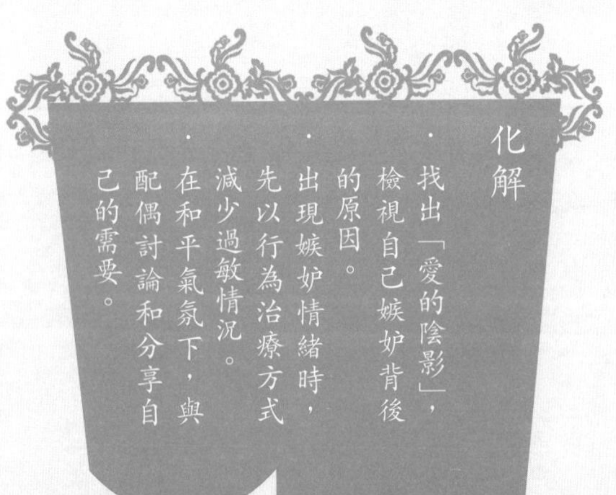
化解
・找出「愛的陰影」，檢視自己嫉妒背後的原因。
・出現嫉妒情緒時，先以行為治療方式減少過敏情況。
・在和平氣氛下，與配偶討論和分享自己的需要。

錦囊

夫婦坦誠分享妒意，

讓嫉妒充當你們愛的守護者。

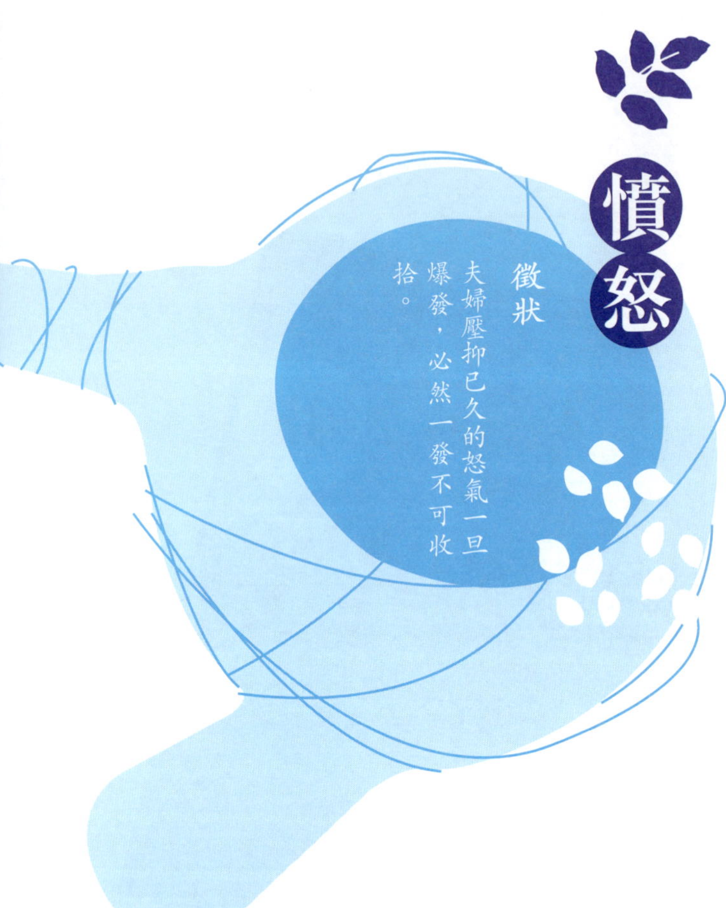

憤怒

徵狀

夫婦壓抑已久的怒氣一旦爆發，必然一發不可收拾。

10 處理婚姻中的怒氣

在夫婦的親密關係中，愛與怒是分不開的。所謂「愛之深，恨之切」，若你身邊的配偶完全不會觸怒你，你向對方連絲毫的怒氣都沒有的話，我懷疑你對對方的感情是否已轉趨冷淡，甚至近乎冷漠。只有當愛火熄滅，人們才會對曾經愛過的人，全沒半點怒火。我在輔導室內經常要處理夫婦間的衝突。有時候，夫婦壓抑多年的傷痛、憤怒，會像火山爆發一樣，在寧靜的輔導室中傾瀉而出，相當駭人。或許很多夫婦從來沒有吵架，但心裏卻有惱怒對方的時候，而這正是婚姻生活的真實面貌。

David Mace 在《婚姻中的愛與怒》(*Love and Anger in Marriage*) 的序言中提到有關愛與怒的信念，也是我的信念：

1. 婚姻關係是一般人際關係中帶來最多怒氣的。當然，其他關係都會帶來怒氣，但我們大可以逃避和對方進一步接觸；若不能逃避，也可以以「冷漠」作保護膜 (skin of indifference)，使這些關係變得可以忍受，婚姻則不然。
2. 除非能轉化婚姻中的怒氣為發展親密關係的素材，否則愛與溫暖將永遠在婚姻關係中絕迹，更甚者會使夫婦關係變得疏離。

3. 社會上有不少疏離的夫婦，這現象反映出不少夫婦不懂得正面和有效處理婚姻中的怒氣，更甚的是大多夫婦處理怒氣的方式往往是非建設性的（counter-productive）。
4. 重新學習正面和富創意地處理怒氣，雖然並不容易，但這些學習能增強婚姻關係中的愛與親密。

在愛與怒的課題中，有三方面是特別值得關注的：

1. 憤怒是會被隱藏起來的；
2. 憤怒只是冰山的表面情緒，重要在追蹤成長「死穴」；
3. 憤怒在親密關係中的功能。

憤怒會被隱藏起來

心理學家 Bach 和 Goldberg 指出，人們通常以八種間接的方法來表達憤怒。當你細讀每一種方法時，或會發現你曾在憤怒時，不自覺地採用其中一種來對待配偶，而 Bach 和 Goldberg 稱這些方式為「隱藏的憤怒」（hidden aggression）。

1. 合作隱瞞（collusion）

兩人合作一同否認憤怒的存在，但在生活細節上卻對對方不友善。就如一些公認的模範夫婦，突然宣布離婚，旁人感到大惑不解，但是問題早就存在。他們在家外家裏兩副面孔，彼此不過一直玩着「合作隱瞞」的遊戲，當憤怒累積至一個不可控制的地步，便以離婚結束。

2. 被動式侵略（passive-aggressive）

這是典型好好先生背後的憤怒，他們不願意直接表達不快，就借助一些被動的方式還擊，如故意拖延，甚至忘記一些重要事情，或在鬧得面紅耳熱之際，拒絕討論，甚至掉頭而去。

3. 道德教化師（moral one-upmanship）

一方扮演道德上優越和正確的角色，經常指出對方行為和性格上的缺點，將一種內疚和否定自身價值的信息，傳遞給對方，令對方感到自卑。

4. 理性化（intellectualization）

我們很容易忽略了「理性化」是一種表達憤怒的方

式。配偶採用這種方法，躲在理性背後，並藉口指另一方情緒過敏，批判對方太感情用事，借此宣洩內心的憤怒。

5. 永不獎賞（non-rewarding）

縱然對方做了一些合宜和美好的事情，都不給予任何正面的肯定。不給正面的獎賞是傳遞憤怒的一種方法，間接否定對方在關係上的貢獻和努力，使對方難堪。

6. 無助的攻擊者（helpless aggressor）

這些人利用自己心理上的困擾如恐懼、受傷害、弱點作為借口，逃避責任和控制關係，他們經常會說：「這是我的童年缺陷，導致我不懂親密之道，你不能怪我，我不是已經很努力學習嗎？」言詞背後，暗藏怒火。

7. 帶病的暴君（sickness tyrant）

跟 6. 差不多，不過用生理上的毛病來表達憤怒，我們稱這為心因病（psychosomatic illness），例如胃病和頭痛都可能是憤怒的信號。既然病了，你就要照顧和遷就我！

8. 紅十字護士型（Red Cross nurse aggressor）

這種人殷勤地照顧自己的配偶，令對方感到無助和需要自己。他／她們假裝幫助對方，但背地裏是想操控對方，原因是對方積存已久的憤怒。

自我檢視

在「隱藏的憤怒」的八個方式中，你是否曾用來向配偶表達憤怒？

合作隱瞞	□ 非常多	□很多	□ 間中	□ 很少	□ 非常少
被動式侵略	□ 非常多	□很多	□ 間中	□ 很少	□ 非常少
道德教化師	□ 非常多	□很多	□ 間中	□ 很少	□ 非常少
理性化	□ 非常多	□很多	□ 間中	□ 很少	□ 非常少
永不獎賞	□ 非常多	□很多	□ 間中	□ 很少	□ 非常少
無助的攻擊者	□ 非常多	□很多	□ 間中	□ 很少	□ 非常少
帶病的暴君	□ 非常多	□很多	□ 間中	□ 很少	□ 非常少
紅十字護士型	□ 非常多	□很多	□ 間中	□ 很少	□ 非常少

冰山下是我們死穴所在

夫婦之間存在的怒氣，就像「冰山一角」。怒氣可能只是浮面的冰山一角，找出冰山下有什麼在蠕動，即是要探索夫婦之間衝突的內容更為重要。憤怒可說是從屬的情緒(secondary emotion)，背後大多存在着更複雜的情緒。在夫妻關係中，「受到傷害」是最普遍的一種根本情緒，而最容易傷害我們的，是成長過程留下來的「死穴」。

所謂「死穴」，就是負面的刺激，能牽動我們的負面情緒。因為「死穴」存在已久，刺激和反應已緊緊結連，如一部「自動化」的機器，或會不分青紅皂白地作出回應。要是我們不了解「死穴」的根源，也不訓練和提高警覺，就會受自己的「死穴」操控。要處理怒氣，需要先知道自己「死穴」所在，這往往可以從成長歷史中找線索。下文一對夫婦的例子，有助我們了解「死穴」和憤怒的關係。

偉明與佩芳結婚兩年多，偉明經常在一些公開場合，提醒她不要大聲說話，佩芳卻百思不得其解。比方乘巴士時，她若說話聲浪較高，偉明就渾身不自在，以手勢和眼神來提示佩芳降低音量。這看似很小的事情，卻成為兩夫婦經常爭吵的源頭。我有一次跟他們閒談，發覺佩芳說話相當溫柔，雖然聲音響亮，但仍然可接受，我便好奇問偉明：「佩芳説話大聲，令你想起些什麼？」

「我想起我那囉唆的媽媽，她終日在我耳邊嘮嘮叨叨，投訴爸爸的不是，我怕佩芳日後也像媽媽一樣。」偉明説話時有點難為情。

「你媽媽説話時很大聲的嗎？」我追問。

「她是個粗人，沒有什麼教養，在街市做小販，説話大聲是難免的。但我卻接受不到。」

「但你媽媽多數在家中囉唆你，為何你那麼怕佩芳在公眾場合時的表現？」我還不放過偉明。

「我記得有一次自己與前任女朋友在街上吵架，她破口大罵我不懂得愛她。那時候我滿面通紅，覺得十分羞恥。我怕這經歷會歷史重演，所以我對佩芳的聲量十分敏感。」

我開玩笑的對他説：「你有沒有將以前發生的事告訴佩芳？」偉明搖頭。

我接着開玩笑的對他説：「那麼，佩芳便被你蒙在鼓裏，死得不明不白！」

當偉明向佩芳表明原委，佩芳才恍然大悟：「我若早知道你有這樣的經歷，或許會積極改變自己。事實上，我也知道自己說話大聲，因為我家中有公公婆婆，他們的聽力不好，而我是家中主要照顧他們的人，有時與他們溝通不得提高聲浪，日積月累便成為習慣。或許，日後我提高警覺好了。」

這樣看來，偉明的不快，大部分與過往經驗有關，而這些傷害往往是難以向對方啟齒的，甚至連自己也意識不到過去與現在經驗的啟示關連。若將攻擊矛頭指向對方，我們就不會捫心自問那不快的源頭。當我們行一條內省的路徑，衝突問題至少解決了一半。經過反思而知道自己的責任所在，願意面對面和伴侶處理衝突，個人的情緒才不會阻礙了二人的傾談。

憤怒在親密關係中的功能

婚姻輔導員的任務除了解開憤怒背後的心結，也要讓夫婦了解憤怒和衝突在他們親密關係中的功能。

有時候，憤怒也能產生健康的積極作用。每個人都需要有私人的空間，與別人保持適度的界限（boundary）。這片私人空間需要得到尊重，當其他人侵越，你敢於表達憤怒，這是健康的，但很多時候，憤怒卻運用得不適當、不健康，最常見有兩種情況：

1. 用憤怒來調校關係上的距離

當一個配偶感到關係太近時，他／她就會製造衝突來推開對方。這些人通常內心有一種對親密的恐懼，需要大量的私人空間，惟有這樣，他們才能接受較親密的接觸。不幸的，他們很少意識自己的需要和恐懼，不自覺用憤怒來為自己製造空間。

2. 用憤怒來爭取控制權

有一些夫婦需要保持各自的控制權，害怕對方控制自己，於是以憤怒來脅迫對方順服。若沒有較健康的、真正處理憤怒的方法替代這種模式，憤怒只會持續。

曾經輔導一對夫婦，太太坦然向我投訴，先生晚上有不洗澡的壞習慣。後來發現，先生這種行為是一種隱藏的憤怒（hidden aggression）。當夫妻關係緊張時，太太拒絕先生的性需要，說沒有被愛的感覺，不能進行房事。先生的男性自尊大受打擊，便起來反抗。他知道太太喜歡清潔，如果他不洗澡，她一定不會跟他行房。於是，他先發

制人，故意不洗澡，用行動來向太太宣示——我選擇不洗澡，因為我不想與你行房。這事令太太極度不快，起初不知底蘊，只覺得丈夫在折磨她；但原來丈夫是以不健康的方法，表達心底的憤怒。說穿了，是用憤怒來爭取控制權。

輔導期間，先生不太願改變這不健康的習慣。有時關係改善一點，他有一兩天願意改變，但二人必須接受這緩慢的改變，冰凍三尺，非一日之寒，他們的積怨不是一朝一夕可以消解的。走前三步，退後兩步，也算是有進步！

先生的表現，令我反省到男性是比較難表達自己受傷的感受，往往以憤怒包藏內心的傷害。男人習慣將軟弱的感受，轉化成男性較容易認可的感受——憤怒，彷彿期望配偶藉此看出他受傷的一面。所以，在輔導期間，我會鼓勵丈夫承認自己脆弱的一面；這樣，太太會較容易接受丈夫憤怒的情緒。

我們對憤怒在夫婦關係裏的三個重要現象有了較深入的了解後，便可以總結一些夫婦解決憤怒的基本步驟，包括：

1. 給機會宣洩衝突帶來的怒氣；
2. 彼此了解衝突背後的種種因素，明白對方不是刻意傷害自己；

3. 改變處理衝突的不良習慣，例如：隱藏憤怒；
4. 鼓勵他們憑意志，多做一些能增進彼此親密關係的行為；
5. 打開彼此對談與聆聽的渠道，了解對方憤怒背後其實是成長留下來的「死穴」;
6. 鼓勵他們接受彼此的不同，嘗試了解和欣賞這些分別。尊重對方有自己獨特的情感需要，是與自己的需要有別的。

最後，我們走了一個圈，仍然要肯定的是，憤怒背後有愛。愛能拉近彼此的距離。

化解

・認識八種「隱藏的憤怒」，並且檢視自己會不會以這種方法對待配偶。

・嘗試追蹤自己的「死穴」，了解「死穴」與憤怒的關係。

・了解怒氣在婚姻中的正面功能，打開溝通渠道，互相傾訴，彼此接納。

錦囊

憤怒背後有愛。

愛能拉近彼此的距離。

失落

徵狀

當配偶有需要時，另一方不在身旁，使配偶感到受傷，甚至不願再投入關係。

II 化解相依失落之痛

研究婚姻問題的專家，曾經為未能找到一套解釋夫婦相處之道的理論而困擾。近年卻慢慢鎖定了相依理論（Attachment Theory），作為描述和解說成人愛情關係最切合的理論。

應用在夫婦關係的相依理論

相依理論是兒童心理學家約翰鮑比（John Bowlby）研究兒童與父母之間時發現的相繫的關係，說明一個安全的結連（secure bonding）對兒童的成長非常重要。有一個安舒和安全的關係，兒童便敢於探索外間的世界，也較能獨立自主。若這種結連的關係，因與父母分離而破壞，便會帶來一連串分離焦慮的反應，如憤怒的抗議、依附、尋索、情緒低落、失望，最終抽離。

這套相依理論若應用在夫婦關係上，與父母、子女關係的最大分別，就是夫婦之間是一種成年人的、平等的相互關係，不像父母、子女之間地位有高低之分。另外，夫婦間相依的最具體表達是性愛的行為，這是父母、子女之間不容許的。

在相依的關係中，對當事人來說，有一道重要的問題，就是：「當我最需要你的時候，我可以倚靠你嗎？」

相依關係中有兩個主角，就是「我」與「你」。「你」若在「我」可觸及之處（accessibility），而「我」發出呼求時，「你」樂意回應「我」的需要（responsiveness），「我」就找到可依靠的對象。

但故事還有另一面，就是「我」這個人可愛嗎？值得「你」去愛和回應「我」的需要嗎？

這套成人的相依理論，可分為四種相依的關係，簡單表列如下：

相依類型	解說		
	看自己	看他人	關係
安穩（secure）	正面	正面	高度親密和高度自主
焦慮（preoccupied）	負面	正面	從對方身上得到自我接納
輕視（dismissive）	正面	負面	逃避親密來保護自己，獨立，不易受傷
恐懼——逃避（fearful-avoidant）	負面	負面	預計會被出賣和被拒絕；逃避親密來保護自己

以這個分類為例子，最常見的「夫妻舞步」是一個走一個追（pursuer-distancer）。追的一方屬於焦慮型，比方追的是太太，她可能擔心自己不夠可愛，希望從丈夫身上得到自我接納。理想的情況是丈夫是安穩型，他能透過提供安全的承載環境（holding environment），讓太太因感到被愛和被接納而減少焦慮，甚至得到醫治。

反之，若丈夫是輕視型，習慣以逃避親密來保護自己，愛獨立和自由的空間。當太太追得愈緊，他就走得愈遠。日子久了，太太更可能會從焦慮型轉變成恐懼——逃避型——原本她看丈夫是正面的，但因被拒絕經驗太多，而慢慢看丈夫是負面了。

以這套理論作為輔導夫婦的基礎，最為人知的是「情緒為本夫婦治療」（emotionally focused couple therapy）。這種輔導的大前提，是幫助夫婦重建一個安穩（secure）的相依關係。

這套輔導模式據稱十分有效，有研究數據的支持，不過在此不會介紹這套輔導模式的內容，有興趣的讀者可參考其他有關書籍。反而要提的是，這套輔導模式聲稱有效的同時，卻發現有一些輔導個案落入一種困局（impasse），而在困局背後，往往找到一些稱為「相依失落之痛」

(attachment injuries)的情況。這正是本文的主題，也是這套「情緒為本夫婦治療」在理論上的新發展。

何謂相依失落之痛？

這種相依失落的創傷，源於夫婦間一些「被出賣」的事件，令當事人感到被遺棄和失去信任。

這不是一般的信任問題，這種創傷是遇上一件特定事情發生——通常是當受傷的一方最需要對方的支持和關心時，另一方卻不在旁或是沒給予援手，事件動搖了受傷一方的信心，令他／她質疑另一方是否值得再信任。這事件若得不到解決，不單令關係受損，受傷一方或因感到不安全而不願再投入情感，更甚者，還會妨礙了雙方修補破損關係的能力，這也是輔導出現困局的原因。

在一些人生的特別時期或過渡期，我們都需要配偶在身旁共渡難關。若在這些時刻，另一方不在身旁，或沒有給予情感上支持，這種相依失落的創傷就最容易出現。例如，兒女出生、親人去世，又或是失業、退休、移民的過渡期，甚至被人欺負的時候等等，都是這類創傷出現的高危時刻。也許，在這些時刻，我們要特別留意去預留一些空間給配偶，與他們共渡時艱。

丈夫得不到太太認同之痛

朋友之中有一位「好好先生」，為人正義又樂於助人。但他的太太卻向我求助，說丈夫偏偏待她的家人像仇人一樣，這阻礙了他們正常的夫妻關係。這位太太夾在丈夫與自己親人之間，十分痛苦。

故事說來話長。她有一位年邁的父親，需要家人照顧，在得到丈夫的同意下，接了老父到家中住，一住就好幾年。丈夫對老人家也十分尊敬和照顧。後來，她父親搬往大陸休養，有時候回港作身體檢查，也會到他們家小住。但有一次，因為家中不太方便，丈夫便提出她弟弟家中也有房間空着，不如讓父親到她弟弟家住。她的弟弟卻拒絕了，此事令她丈夫十分氣憤，要跟她弟弟理論；他認為親人之間互助，要公平分擔。這位太太欲當「和事老」，想為弟弟解話，反而令丈夫更加氣憤，一怒之下拒絕以後再讓外父來家中住，情況弄得很糟。自此，夫婦關係也不及以往親密。特別是兩人都知道姻親間的事情恍如一個地雷，最好不要觸及，否則一發不可收拾。

這位太太又說了一些關於丈夫的成長背景。她丈夫是家中的長子，習慣照顧自己的弟妹。他的母親早逝，父親另娶，而他跟後母和後母的兒女關係也不太好；每當家

中有衝突時，他都會為自己親生的弟妹出頭。他最反感的是，自己的父親反而偏幫後母那一邊，令他感到氣憤和不公平。

聽到這裏，我直覺知道這對夫婦的問題，是丈夫經歷「相依失落之痛」。年少時，在自己的家庭得不到父親的支持和認同，他感到不忿；到了今天，在外父的居住問題上，他最需要太太的認同和支持時，太太反而為弟弟說好話，令他同樣感到被至親遺棄和出賣。因此，他作出不合作的行動來抗議，要討回一個公道。

單從這種不合作的反應，旁人可能覺得這位丈夫太固執、不近人情，但他真正感到受傷害的，並不是來自太太的弟弟，而是太太不願意站在他那一邊——他需要太太作他的聯盟，太太卻想作「和事老」。畢竟，多照顧年老患病的父親是太太的心願，她搞不清丈夫為何不體諒自己，這樣冷漠無情。

作為朋友，這一次我不想做他們的輔導員。只是和他們交談的時候，問了丈夫一道簡單的問題：在這件事中，他感到最難嚥下的一口氣是什麼？原來他最想太太認同他的看法，覺得她弟弟是一個自私的人。其實，太太也認為自己的弟弟頗自私，但恐怕說出來反會引起丈夫的怒氣，因此，一直沒有站在丈夫的一方說一句公道的話。於是，當我引導太太把看法說出，丈夫的態度竟然來了一百八十度的轉變。他認為，男人大丈夫不應該記人過，只要知道太太是站在他這邊，他樂意重新開放自己的家，接待外父來小住。事情就這樣得到完滿的解決。

我也驚歎這麼簡單、不着痕迹的介入，竟能令事情有如此戲劇性的扭轉！後來，我用同樣的方法，為另一對夫婦朋友解決了類似的問題——同樣牽涉姻親間的爭執，而太太都是沒有站在丈夫那一邊的。多了這個角度去看夫婦落入困局的情況，讓我能更有效的、在當事人不為意的地方放一貼妙藥，重修彼此間破損了的連繫。當看到朋友們重拾愛意，是十分快慰的事。

化解相依失落之痛的步驟

要化解這種相依失落事件的步驟，「情緒為本夫婦治療」大師 Susan Johnson 和 John Millikin 為我們總結了七點：

1. 讓受傷一方有機會重述相依失落的事件。過程中也許會勾起過去傷痛的情緒，而另一方不要否定和淡化事件。
2. 受傷的一方嘗試表達那事件對他的重要性和背後的意義。這樣，外層的憤怒才可以轉為一些受傷、無助、羞恥的感受。
3. 另一方可能會感到對方在埋怨自己，嘗試放下防衛心，專注了解事件對受傷一方的意義和感受，認同事件對他的痛苦。

4. 受傷一方進一步陳述事件帶給他的損失，並對他們夫婦關係的影響。
5. 另一方承認自己的錯失，或因誤會導致受傷一方的傷痛，表達自己的歉疚。
6. 受傷一方提出，想另一方重新給予他安慰和關心，是事件發生期間他未能得到的。
7. 另一方藉着牽手、擁抱對方來表達關心，重建相依關係的具體表現，並承諾類似事情再發生時，不會再忽略對受傷一方情感上的支持和需要。

整個解決「相依失落之痛」的過程，與我們傳統所謂饒恕、認錯和復和相近。不同的是，認錯是與一些做錯的事件有關（incident of commission），相依失落是錯失了提供支持的事件（incident of omission）。正因為這是錯失（omission）的緣故，受傷的人較難直接表達出所受的傷害，而這種傷害卻會將夫婦的相依關係拉遠，故此不能掉以輕心。

當然，這個過程如有第三者作中介人，也許會較容易處理。但若夫婦間有基本信任，而雙方都是成熟的人，不妨間中清理這些相依失落的事件，不時修補，維持情感的連繫，關係亦更堅固，不易受到破損。

化解

．讓受傷的一方重述事件，表達事件對他的重要性。

．定時清理，表達受傷的感受，彼此認錯。

．不妨找人幫忙，介入事情，協助夫妻重建關係。

錦囊

在人生一些特別時期或過渡期，
都需要配偶在身旁；
我們要留意
預留一些空間給配偶，
與他們共渡時艱。

吵架

徵狀

婚姻中充滿批評、蔑視、反擊和冷漠，關係會在不知不覺間遭破壞。

12 「正面感受優先」的相處

在有關婚姻的研究中，有一個名字是不能忽略的——約翰戈特曼（John Gottman）。他在婚姻研究方面的成就，差不多等同 Master and Johnson 研究人類性行為上的貢獻。戈特曼對夫婦的行為有長期而細緻深入的觀察與研究，將夫婦吵架時的情況錄影以作分析，將他們的語氣、說話內容、面部表情，甚至一些生理反應如心跳、呼吸等轉變，都詳細記錄下來。

他有幾個震撼性的宣稱：

1. 只要讓他觀察一對夫婦吵架三分鐘，他就可以預測他們將來會否離婚。據稱準確度達九成。
2. 他提出一個「魔幻的數字」（magic number）。他發現，無論夫婦衝突多麼激烈，只要他們正面、開心的經驗比負面、不快的經驗多五倍，他們的婚姻就不會有重大問題，而「5：1」就是那個「魔幻的數字」。
3. 他宣稱，傳統的溝通聆聽技巧，對夫婦間處理衝突的幫助並不大，而因為一些關係健康的夫婦在發生衝突的時候，大都沒有應用這些技巧。

曾為了預備教學，多看幾本 John Gottman 的書，包括寫給普羅大眾的 *The Seven Principles for Making Marriage Work*、寫給婚姻輔導員的 *The Marriage Clinic*，還有一本不局限於夫妻關係的暢銷書 *The Relationship Cure* 等。我發現當中有不少新穎而又有洞見的觀念，值得留意和反省。一些大師級專家了得的地方，是他們重構一些新的觀念：一些簡單的字眼，套上科學的研究基礎，已足夠發揮突破性的效果。以下我抽取幾個重要而又有趣的觀念，跟讀者分享，包括：「末日的四位騎士」（Four Horsemen of the Apocalpse）、「正面感受優先」（Positive sentiment override）、「軟起飛」（Soft start up）、「試圖修補」（Repair attempt）、「連繫的短訊」（Bids for connection）等。

末日的四位騎士

John Gottman 自稱能預測夫妻離婚的最有力憑據，就是觀察二人關係中是否充滿着這四位「末日的騎士」，那就是代表四種破壞婚姻的表現，若在夫婦相處上。這四方面的行為大量出現，便可預言這段婚姻離「末日」不遠矣。

這四位騎士分別是：批評（criticism）、蔑視（contempt）、反擊和自衛（defensiveness），以及冷漠的牆（stonewalling）。

1. 第一位騎士 —— 批評

批評有別於投訴，投訴是對個別處境和行為的不滿，而批評則是對一個人的廣泛性作出抱怨。「你又出錯，你有什麼事情是做得令我稱心的呢？」這類說話對關係的破壞性頗高，被批評的一方會感到被人身攻擊。

2. 第二位騎士 —— 蔑視

當一些負面情緒未能化解，我們對另一方的負面想法和評價就會增加，甚至升級到要羞辱和輕視對方。例如：「這種事情你都做得出來，家教真好啊！」這種輕視和羞辱對方的說話，自然會引動第三位騎士的出現。

3. 第三位騎士 —— 反擊和自衛

受攻擊的一方在感到受傷之餘，會將內心的憤怒化為自衛和還擊。例如，否認責任：「我沒有！」或是藉口：「我也無能為力，是你令我變成這個樣子。」又或者還擊：「你不比我好！瞧你這副德性，哪有人會喜歡！」

4. 第四位騎士 —— 冷漠的牆

冷漠的牆是將對方拒於千里外，以面無表情相對、不發一言，俗語說「十問九不應」，潛入山洞，甚至拂袖而去等。若這種冷戰的情況成為慣常不溝通的方式，婚姻的紅燈就會亮起來。上文有關怒氣一章，提到當你對配偶尚存怒氣，表示你仍然着緊對方；若愛變成冷漠（indifference），表示兩人的關係已經失卻感情，對方的喜怒哀樂與你不再拉上關係。

我嘗試戴上戈特曼四位末日騎士的「眼鏡」，去看《聖經》中一對經典夫妻——大衛與米甲的故事。一方面，我哀歎米甲可說是《聖經》中最可憐的妻子——被父親利用，及後要與再嫁的丈夫分離，重回大衛身邊又得不到寵愛；另一方面，我驚歎大衛原來是吵架能手，他回應米甲的批評，句句要命。短短一來一往的對話，大概不會超過三分鐘吧，結局告訴我們，這四名末日騎士真的出現，而他們的關係也果真走向末日。《聖經》雖然沒有記載他們有否離婚，但二人關係確已淡出，米甲的名字也不再出現在大衛的生平中。可以估計，他們的關係大概自這次對話後就完結！

將他們的對話記錄如下，我在當中加入一些「騎士」出現的記號。相信不用多作解釋，你也可以看到這四位騎士對關係的殺傷力！

大衛回家要給眷屬祝福；掃羅的女兒米甲出來迎接他，說：「以色列王今日在臣僕的婢女眼前露體，如同一個輕賤人無恥露體一樣（批評），有好大的榮耀啊（蔑視）！」

大衛對米甲說：「這是在耶和華面前；耶和華已揀選我，廢了你父和你父的全家（反擊和自衛），立我作耶和華民以色列的君，所以我必在耶和華面前跳舞。我也必更加卑微，自己看為輕賤（反擊和自衛）。你所說的那些婢女，他們倒要尊敬我。（蔑視）」

掃羅的女兒米甲，直到死日，沒有生養兒女。（冷漠的牆）（撒下 6：20-23）

正面感受優先

這是 John Gottman「魔幻的數字」背後的理論——只要夫婦關係存着正面的感受，這種正面感受就恍如一面過濾鏡，可以蓋過一些夫婦間的小風波；當你戴着正面的眼鏡看對方的話，什麼都不成問題。反之，若夫婦是負面感受優先（negative sentiment override）的話，小事也可以化大。舉例說，當關係正面時，丈夫不小心將一盤菜潑倒在太太身上，弄污了她的衣服，她也許不會介意；但若大家在冷戰期，被負面感受掩蓋之時，就是丈夫的餐具發出微小的聲音，也會令太太感到厭煩。

這個觀念跟時下流行的「情感銀行」理念同出一轍。若要婚姻關係美滿，努力耕耘和培養正面的感覺是非常重要的。我常以3A行動作為提醒——多欣賞（Appreciation）對方為你做的事情，常存感恩的心、多肯定（Affirmation）對方一些優點和特質，讓他知道你是多喜愛他，還有在日常相處中多表達溫情（Affection），輕拍對方的肩膊、一個擁抱、一個傳情的眼神，都是有助培養正面感受的簡單行動。

John Gottman用體重自動修正來作比喻。我們的身體對體重有一個標準點（set point），飲食方面偶然的增減，並不會影響你的體重，因為身體會自動調節到這預設的標準點上。同樣地，只要將夫婦的關係，調校在正面的標準點上，偶然的關係失誤或衝突，也不會影響關係。除非長期落入負面的狀況，關係才會下滑。

軟起飛

在婚姻輔導理論中，「軟」（soft）這個字愈來愈重要，不同學派也朝着「軟」的方向努力，而戈特曼就率先將這概念發揮。

事實上，四位末日騎士所做的，正正與「軟起飛」相反；以批評、蔑視和自衛作討論問題的開始，是一種稱為「對着幹」（harsh startup）的姿態。根據John Gottman的觀察，「討論的起頭如何，討論的結尾也相離不遠。」（discussion invariably end on the same note they begin）所以，能夠「軟起飛」就差不多註定能成功呢！

以下是戈特曼有關「軟起飛」的具體提議：

1. 投訴但不抱怨或指責。
2. 用「我」句子取代「你」句子。
   例如，說：「我希望我們能多儲一些錢。」而不要說：「你用錢太不小心了。」
3. 形容事情的實況而不判斷對方。
   例如：「你永遠都不分擔看顧小朋友的責任。」是判斷；「只得我一個人忙來忙去，照顧兒子。」是描述實況。
4. 要有禮貌和清晰表達。
   例如，說：「若你在飯後立即清理餐桌上的碗碟，我會感到欣悅。」而不要說：「你弄得家裏一團糟。」

以上「軟起飛」的好處是對方不會忙着要自衛而沒有聆聽我們真正的需要。這也是我們中國人所說的「以柔制剛」。除非對方十分敏感，這種從軟性入手提出討論問題的方式，很少會使大家的爭執升級（escalate）。

試圖修補

學駕駛，第一件要學的就是踏煞車掣（brake），將車停下來，而踏煞車掣也是婚姻中要學習的，否則爭論就會愈演愈激烈。憤怒的情緒一旦觸發，最少要用 20 分鐘來平復心情，心情未能平復之前，什麼衝突處理的方法都只是徒勞無功。

戈特曼稱在衝突時按煞車掣這舉動為「試圖修補」，作用是降溫，以便修補破損的溝通進程。當一方提出修補時，另一方就要接納。但很多時候，當我們仍在盛怒之中，未必聽到對方「試圖修補」的信息。當然，提出修補一方的語氣也十分重要，若你高聲喊：「你已離了題！」或「我們停一會吧！」對方可能被嚴厲的語氣誤導，這樣也難以有相應的降溫行動。

就像學習使用煞車掣一樣，多點練習就能慢慢掌握，應用自如。

戈特曼提供了一張「試圖修補」的清單，我們不妨挑一些出來實踐。

「試圖修補」用語清單

- 我感到被批評，你可以用正面的話再說一遍嗎？
- 請你溫和一點表達好嗎？
- 我需要冷靜一下。
- 可以只聆聽我，先了解我的感受嗎？
- 這對我十分重要，請聽我說。
- 我的反應可能太極端，對不起！
- 讓我們重新再開始吧！
- 我知自己也有責任。
- 讓我們妥協，一人讓一步。
- 我覺得你的論點也有道理。
- 給我一會兒時間，我會回來。
- 我們似乎離了題。
- 我知道這不是你的錯。
- 我明白。
- 我欣賞你的地方是⋯⋯
- 這不是你的問題，是「我們」的問題。

連繫的短訊

什麼是連繫的「短訊」(bids)？戈特曼在他的著作 *The Relationship Cure* 中提出，這是人際間情感連繫最基本的單位，這些「短訊」將兩個人的關係拉近，並向正面推展。

有點像一首兒歌所說：「小小一點水滴，積聚成江河」的巨大作用，一些看似微不足道、不關痛癢的接觸，卻是情感建立的基本元素。

比方說，太太告訴丈夫想去買衣服，這是給丈夫一個「短訊」。正埋首於報章的丈夫，可以有兩個不同的回應：放下報紙，問太太想買哪一類衣服，或者他若無其事繼續看報，但長久對這些短訊不作反應，關係就會變淡。

夫妻關係的維繫，並不是在什麼情人節或特別的周年紀念才大事鋪張，而是在每一天平凡的生活中，簡單如一個 WhatsApp、email、電話、goodnight kiss，或者一個表示有興趣的表情傳遞。最重要是，當一方發出這類訊號時，另一方究竟選擇轉向（turning toward）、轉離（turning away）抑或反向（turning against）對方。

例如：丈夫剛剛完成了髹漆工作，他說：「我終於把廚房重新髹漆一遍！」

轉向的回應：「老公，你真了得，多謝你！」

轉離的回應：「你有見到我的眼鏡嗎？」

反向的回應：「沒曾見人做事這麼慢。」

你若是那位丈夫，大概不難分辨不同的反應所給你的情感連繫作用吧？

這種情感連繫的短訊，可以有以下的分類：

1. 表示對細節有興趣。例如：「你覺得怎樣？你認為為什麼會如此發生？」
2. 表示同情。例如：「今天辛苦你了。」
3. 表達效忠。例如：「我站在你這一邊，我們一起面對吧！」
4. 給予溫情。例如：「讓我抱緊你一會兒，我很掛念你。」

看過我的重點介紹之後，或許你對戈特曼的著作也會感興趣。但千萬不要單單停留在知識層面上，儘量做一個知行合一的婚姻專家——我的意思是，在你的婚姻中，你就是自己婚姻的專家，沒有人比你更認識自己和你的配偶。所以，這些理論要經過你的實踐、消化和整理，才能真正屬於你。

戈特曼引介的觀念，對我自己的婚姻和婚姻輔導工作，都有莫大裨益，深願這些重要的發現，也能成為讀者的幫助。

一些看似微不足道、
不關痛癢的接觸，
卻是情感建立的基本元素。

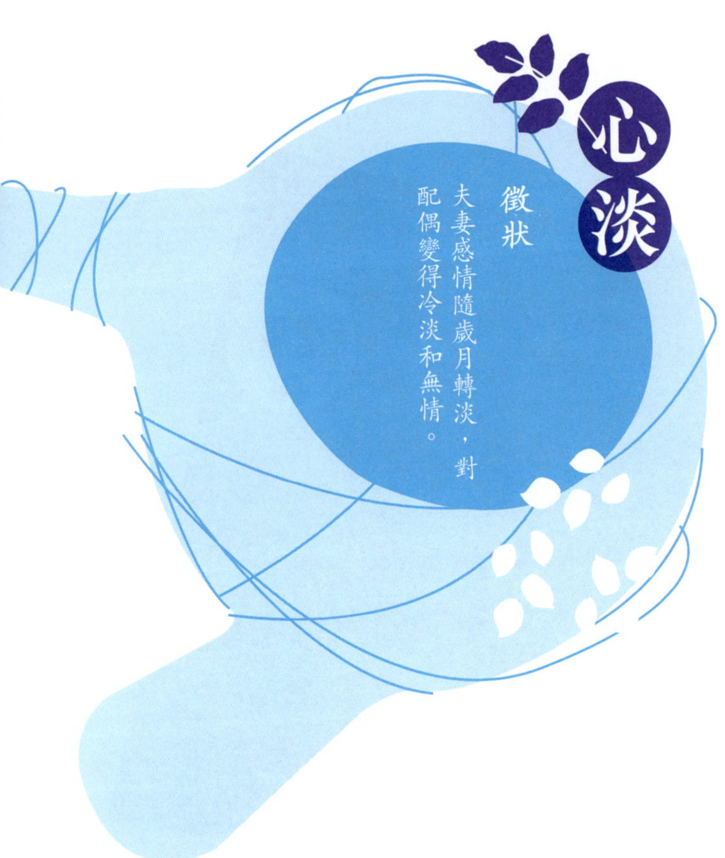

心淡

徵狀

夫妻感情隨歲月轉淡，對配偶變得冷淡和無情。

13 逝去感情如何留得住

多年前有一位教授婚姻輔導的前輩，她向來拒絕處理離婚的個案。部分原因是她所信奉的基督教不鼓勵人離婚，為夫婦辦離婚有違她的個人原則，而我想更主要的原因是眼見本來相親相愛的一對，竟落到相憎相恨的境地，委實叫人難過。

近年來，抱着離婚動機來見輔導員的個案不算多，但婚外情的個案卻接踵而來，當中不少最後都以離婚告終。不少婚外情的個案，是很難挽救、復合和彼此饒恕的，原因很簡單——「婚外情」不過是夫妻感情逝去的一種表徵，當情早已消逝，第三者並不是主因，第三者的出現只是宣布這段感情的死亡。

面對婚姻離異的人，張學友的歌曲《情已逝》或會喚起不少共鳴：「情已逝，你當初傷我心，令我悲淒，不得不放棄，柔情何時已消逝，沒法可重計。」

但對於研究婚姻的專家來說，「柔情何時消逝」卻是有迹可尋的。夫妻感情的消逝有其特定的進程，是有階段性的。這樣說來，一個好消息是：愈早發現感情消逝的迹象，

也就可以及早預防。

感情漸濃還是漸淡？

環顧身邊已屆中年的夫婦，隨着歲月的增加，感情到底漸濃抑或漸淡，似乎因人而異。有男人説，老婆愈老愈可愛，也有不少男人説，跟太太有三種情：愛情、感情和親情，如今尚存的只剩下親情。

無疑，夫婦的感情自有其四季的面貌。一般來説，結婚初期的浪漫與激情會平淡下來，但細水長流的感情，卻可以愈流愈深愈廣！如何可以細水長流，大概取決於兩個因素。

第一，能否化解每個階段帶來的挑戰，調校不切實際的期望；

第二，有否不斷在感情的花園中澆灌、施肥、培植愛苗。

反之，感情的褪色亦有它的軌迹，婚姻專家 Karen Kayser 在其著作 *When Love Dies: The Process of Marital Disaffection* 中，就為大家解開情逝去的原因。

何謂夫妻感情消逝？

夫妻感情的消逝，是夫妻經歷愛情褪色的狀態。他們之間情感的依戀和彼此的關心不斷減少，對配偶變得無情和冷漠卻不斷增加。情的消退並不一定導致婚姻瓦解，但其中一方有着離婚的想法，也是相當普遍。

每段婚姻都有未盡滿足的地方，這些不滿足並不一定會令情消逝，只要對配偶尚存一點點的愛，並立志改善婚姻的狀態，夫妻的感情不一定達致逝去不返的地步。

事實上，夫妻感情的消逝會經歷一個漫長的過程，當中有不滿足、失望和不能化解的衝突，感情的火花才會慢慢熄滅。因此，能夠及早注意和處理的話，愛火還是可以重燃的。

據 Karen Kayser 的研究，感情的消逝經歷三個不同階段，下文試描繪每個階段的情況，及早留意，或許可以防止感情走到絕路。

1. 第一階段：失望期

瑞芬和振明是在教會認識的。振明從事社會服務工作，瑞芬做文職。振明比瑞芬年長三歲。瑞芬在家裏排行中間。

我在一個婚姻講座認識瑞芬的，當時她已經結婚十年，並從一般文職轉投青少年工作。講座後，她留下來問了我不少有關男性的問題，並主動提出約見我。

原來，瑞芬和振明的關係有很多不滿足的地方，她想盡力改善，卻被振明的冷漠所拒絕。當時，她應該處於感情消逝的第二階段。

且聽她在第一階段時的心路歷程。瑞芬在敍述自己的故事時，不難感受到她的憤怒和受傷的感受：

「我自小並不是家中的寵兒。所以，婚後很希望振明能明白我的需要，不用我說出口就能主動滿足我。現在想來，自己當時真幼稚！我以為夫婦如此親密的關係，應該可以無所不談；我在工作上的困難，他也應該盡力幫助。但振明是一個非常理性的人，我找他傾訴，想他支持自己的想法，怎料他反而分析問題，又批評我感情用事。可能他比我年長，以前我欣賞他對我的照顧，婚後卻感到他像一位情感抽離的父親，對我有不少無形的管束。

我起初以為是自己不夠成熟，所以儘量改變自己來迎合他。在朋友面前，我們是令人羨慕的天生一對，而我內心的不快卻不敢向人傾訴。我愈來愈覺得他不夠愛自己，相處愈來愈困難……婚前對婚姻的幻想，彷彿完全破滅。」

瑞芬若在第一階段就來尋求幫助，輔導的重點應會放在調校她對婚姻的期望上。她對婚姻有不少過高的期望，這跟她在原生家庭得不到重視也有關係。在夫婦相處上，一些處理衝突和正面表達需要的技巧，或許也有幫助，但瑞芬實際已踏入第二階段。

2. 第二階段：擺盪於失望與感情消滅之間

我初見瑞芬，她正處於這個階段。她對婚姻不再抱有太理想的期望，對於振明一些大男人和冷漠的反應，她也不再覺得奇怪，反而早有心理準備似的。

跟第一階段不同的地方，是她之前以為只是自己單方面不夠成熟，但當傷害不斷出現，她就不再試圖改變自己來取悅振明。從前瑞芬不敢太強烈地表達自己的需要，如今她變得敢言。

對於振明工作狂的表現，瑞芬已忍受了一段時間；振明日間工作時間已經很長，回家仍只會對着電腦工作。有一晚，他們為一件小事起了爭執，瑞芬決定對振明的冷漠作出抗議，當晚就執拾枕頭被鋪走出客廳睡覺，振明對此甚為不滿。這事之後，振明表現越發冷漠。瑞芬提出一起約見輔導，卻被振明拒絕。

自此，瑞芬就愈覺失敗。她不斷思想，為何振明的性格如此冷漠？雖然可能是由於他的家庭背景使然，但他性格上的過失實在太大，她覺得他本性難移。她開始計算這段婚姻的得失，去留的想法，偶爾在腦海閃過。

慢慢地，瑞芬也把自己從婚姻中抽離，開始專注於個人成長方面。

這個階段的婚姻輔導，因為振明拒絕面談而顯得不容易。若他們同時樂意面對，婚姻輔導員可以利用情感銀行（emotional banking）的方法，為他們積存太多不滿的婚姻，增加一些正面的元素。但現在恍如「隔山打牛」，只能為瑞芬分析造成他們婚姻中不快的很多原因，希望她不要一面倒地將矛頭指向振明。

是的，婚姻不是人生的全部。面對停滯不前的婚姻，輔導的焦點，有時候是需要轉向當事人在工作和前途上的討論。

3. 第三階段：情已逝

我不敢肯定瑞芬與振明是否已到第三階段，因為我很久沒跟瑞芬詳談——她去了外地生活，這也是事情急轉直下所導致的。

瑞芬工作的地方有人事變動，她不幸被解僱。在事業和婚姻都不如意下，她決定到海外暫居一段時間。當時振明沒有反對或阻止，所以，他們兩地相隔已經一段日子。

在海外的幾年間，瑞芬像重拾自我，有很多新的嘗試和突破，她也開始考慮留在外地繼續自己的事業。她也估計到，若自己一直留在外地的話，婚姻關係自然會愈變愈淡。又或者，她已放棄要求振明作出改變。因為信仰的緣故，她沒有作出離婚的抉擇，但情的消逝比以前更加明顯，夫婦關係十分疏離。事實上，瑞芬內心經歷過不少「內在離婚」(inner divorce)，不再對婚姻抱任何期望，亦對自己的婚姻判了死刑。與此同時，振明反而開始了一些正面修補關係的動作，她對此卻十分矛盾。瑞芬問自己：

是否仍愛振明？她又願意為這個人放下當前對夢想的追求嗎？

諷刺的是，當振明想挽救這段婚姻的時候，瑞芬反而有很大的保留。幾經艱辛才平復下來的心境再次被挑動起來，過去受傷害的事件像翻湧不已的波浪，她似乎已沒有動力和心力去面對。

處於這階段的人像站在十字路口，這景況對瑞芬來說更是難以取捨——振明表面是一個好好先生，他也沒有做過有違道德的事，彼此之間只是有一些相處上的傷害、感到不滿足、很難分享分擔，像陌路人多於怨偶，似乎未至於要分開的地步。

我想，她需要一些時間去處理關係上的苦毒(bitterness)，也要給振明機會，現在兩地相隔，修補關係的確比較困難。

作為局外人，我認為復和是勝於離異。但願他們能跨越這一步，讓愛火重燃。

古語有云：「哀莫大於心死」，若感情已到不能挽回的地步，要叫愛情起死回生，的確需要一點奇蹟才會發生。

所以，不如了解情逝去的特徵，讓自己提高警覺，不要讓感情退到返魂無術的地步。

Karen Kayser 設計了一個婚姻感情消逝量表，可讓讀者作參考，或者自行檢視婚姻、感情的狀況。若分數達到中等（35 - 42）以上，表示婚姻紅燈已亮起，要積極面對。

婚姻感情消逝量表（marital disaffection scale）

讀者在每句描述後可寫上：十分真確 / 尚算真確 / 不太真確 / 完全不真確。

1. 若不能再與配偶一起，我會感到痛苦。
2. 我有很多事情、有困難都會向配偶傾訴。
3. 我享受與配偶一起的時間。
4. 雖然與配偶在一起，我仍感到寂寞。
5. 沒見配偶兩三天，我會掛念他 / 她。
6. 大部分時間，我感到與配偶十分親近。
7. 單單與配偶一起，我已感到享受。
8. 在一日的結束，我渴望見到我的配偶。
9. 我對配偶的愛與日俱增。
10. 我發現自己愈來愈想與配偶抽離。
11. 當我遇到個人問題，會第一時間找配偶。

12.「無感覺」及「冷漠」，最能形容我對配偶的感覺。
13. 我與配偶很少有性生活的慾望。
14. 當我需要我的配偶時，他 / 她都常在我身邊。
15. 我寧願少與配偶一起。
16. 我對配偶有較多正面的思想。
17. 我對配偶有很多憤怒的感受。
18. 與過去比較，我不再那麼介意要履行自己在婚姻中的責任和義務。
19. 我嘗試逃避與配偶一起的時間。
20. 有些時候，我不大感到對配偶的愛和溫情。
21. 我享受與配偶分享感受。

計分方法：

十分真確	4 分
尚算真確	3 分
不太真確	2 分
完全不真確	1 分

- 第 1、3、5、7、8、9、11、14、16、21 題倒轉計算，即「十分真確」為 1 分，「完全不真確」為 4 分，如此類推。
- 將所有分數相加，計算總和。

分數	感情消逝程度
21 - 26	低
27 - 34	中等以下
35 - 42	中等
43 - 54	中等以上
55 - 84	高

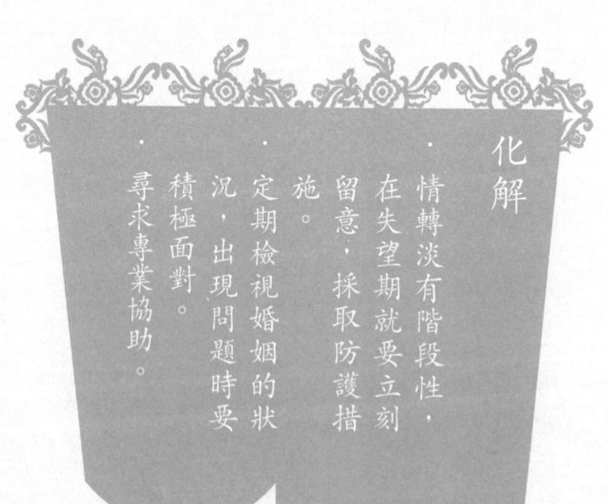
化解
・情轉淡有階段性，在失望期就要立刻留意，採取防護措施。
・定期檢視婚姻的狀況，出現問題時要積極面對。
・尋求專業協助。

錦囊

每天都要到感情的
花園中澆灌、
施肥、培植愛苗，
讓愛苗壯成長。

結語　夫妻如何繼續去愛

夫婦彼此相愛是一生需要學習的功課，不同的人生階段，自然有新的挑戰，考驗夫婦愛得有多深、有多廣。

參加過不少婚禮，在邀請卡或婚禮程序表上，經常引用《聖經》:「我們愛，因為神先愛我們。」(約一 4：19)

基於人性的軟弱和自私，人很難愛得完全。作為基督徒，我認為夫婦若能追隨神的榜樣，放下容易偏差的愛，努力學習以神完全的愛去愛我們的配偶是最理想的，這樣，夫婦的愛就能愛得長久和深廣。

神是如何愛我們的呢？我在福樂神學院進修時，認識一對基督徒教授夫婦 Judith and Jack Balswick，他們在基督教家庭和婚姻的課題上有不少著作。他們為神的愛和人有限的愛作了一個很精確的對比，讓我們可以藉此檢視自己如何去愛，愛得是否合乎神的標準。當中有四個對比，見下面圖表：

從	到
有條件的愛（conditional love）	無條件的愛（unconditional love）
羞辱（shame）	恩典（grace）
操控（control）	加力（empower）
抽離（distancing）	親密（intimacy）

無條件的愛

有條件的愛是計算：「我會愛你，如果你……」

無條件的愛是不計較：「不論你怎樣，我也愛你。」

在婚禮中的誓詞，也是一種無條件的愛的承諾：「無論富貴、貧窮，健康、疾病，我都會……」這些誓言似乎比較普遍，不夠個人化；在一些婚姻更新營會中，我會鼓勵結婚多年的夫婦，因應相處多年的經歷，寫下一些他們不計較、無論對方怎樣，都繼續愛對方的誓詞。你會發現不少有趣的誓詞，例如：「無論你工作超時有多嚴重、無論你的身段如何走樣、打鼻鼾的聲音如何令我不能入睡……我都會接受你、容忍你、愛錫你。」

無條件的愛是想着如何令對方快樂和滿足，而不是想着對方虧欠自己什麼。

當我們想到，像自己這樣一個不完美的人，仍能有配偶不計代價的愛自己，我們便會有一份安全和被接納的感受。

當我們跟配偶翻舊帳的時候，可能我們還未完全懂得什麼是無條件的愛。想一想，神對我們所犯的過錯，是一筆勾消的；縱然我們再有失誤，祂仍然接納我們。

放對方一馬的恩典

夫婦在婚姻生活中，很少不會有得罪對方或令對方傷心、不快的時候，這些可以帶來彼此的埋怨和投訴，甚至趁機互相羞辱一番——「你看，你這樣做多愚蠢！多丟臉！」有時候，就是我們真的知錯，但在對方如此責備之下，我們大概也會不甘示弱，來一個重點還擊吧！

但，如果對方「放我們一馬」，饒恕我們，不計舊債，我們會否感到一種很大的釋放？

我常想，結婚二十年來，若不是太太憑着神的愛給我恩典，我真不知如何面對她和自己？

經歷過神奇異恩典的愛的人，都會認同這幾句歌詞：

「恩典太美麗，無什麼可取替，
惟求將心全然給主，來彰顯主愛多珍貴；
終生愛神，傾心傾意愛別人，
才覺生命沒有枉費。」

（《恩典太美麗》，曲、詞：盧永亨）

這種知恩圖報的邏輯，同樣可以應用在夫婦關係上。太太給了「放我一馬」的恩典，下一次我自然也會「放她一馬」呢！這應該算是一種良性的循環！

是加力，不是操控

《聖經》對人類始祖亞當和夏娃的記載中，已經看到夫婦之間操控的問題。上帝造人類，原先的心意是叫男女一同管理大地，但始祖偷食禁果犯罪之後，就宣示了他們的關係已失去平衡：「你必戀慕你丈夫，你丈夫必管轄你。」（創 3：16）過去，在父權社會之下，女人被管轄或操控的情況，是一個社會結構性的問題。現今社會漸趨平等，操控的問題卻仍然存在於夫婦之間。不少男人覺得失去從前父輩的優勢，覺得反被太太操控。

常言道，愛一個人，就要給他自由去選擇如何回應你的愛。操控只會帶來反抗；反抗中只有恨，沒有愛。

愛一個人，想要建立他，應該藉鼓勵、支持，讓他發揮所長，活出上主給他在世上的使命。所以，當配偶有成就，我們會感到高興。我們不是要局限他、控制他，而是加力於他。

《聖經》中說：「兩個人總比一個人好，因為二人勞碌同得美好的果效。若是跌倒，這人可以扶起他的同伴。」（傳 4：9-10）這是夫婦互相加力、互相扶持最美麗的寫照。

不抽離，要親近

當夫婦有衝突的時候，最即時和自然的反應是抽離，或以冷漠來還以顏色，但這只會使關係愈拉愈遠。正如 Daniel Wile 的文章（參頁 112）提醒我們，如果能在想抽離的時候，仍然將這種不得已的感受敢於讓配偶知道，就能使本來遠離的關係拉近。這似乎只是一念之差。

有人將「擁抱」作了很有意思的分析。擁抱有四個動作：

1. **打開雙臂（opening the arms）**——是向配偶表示開放和想親近的邀請。當雙臂打開時，是為對方創造了一個接納的空間。

2. **等待（waiting）**——等待十分重要，不是硬闖對方的界限，而是相信真正的擁抱是彼此渴求的表現，是雙向的。
3. **合上雙臂（closing the arms）**——雙方都要合上雙臂才算得上是擁抱，若其中一方只是呆站，就會使擁抱變得生硬。相互的擁抱是施予和收取同時發生的美妙時刻，輕輕觸摸是最佳的感情傳遞。
4. **再打開雙臂（opening the arms again）**——回復第一個動作。擁抱是一個循環不息的過程。

讓夫妻間多透過擁抱來互相親近，不要抽離。

愛是一輩子都學不完的功課。但當我明白「我們愛，因為神先愛我們。」（約一 4：19），以後當夫婦出現愛的考驗，要作出回應或行動的時候，我就多了四個向度來問自己：

回應配偶的時候，我的行動有沒有流露無條件的愛？
有沒有多給對方一次恩典的機會？
是加力量給對方，而不是操控他嗎？
是遠離他，還是打開雙臂再次擁抱他？

若能以此來實踐愛，也許，我們離神也不遠呢！

參考資料

1. Christensen, Andrew and Jacobson, Neil S.(2000). *Reconcilable Differences*. New York: Guilford Press.

2. Doherty, William J.(2001). *Take Back Your Marriage: Sticking together in a world that pulls us apart*. New York: Guilford Press.

3. Feldman, L. B., and Pinsof, W. M.(1982). Problem maintenance in family systems: An integrative model. *Journal of Marital and Family Therapy*, 8, 295-308.

4. Fraenkel, P. and Wilson, S.(2000). Clocks, calendars, and couples: Time and the rhythms of relationships(pp.63-103). In P. Papp(ed.), *Couples on the Fault Line: New directions for therapists*. New York: Guilford Press.

5. Gafni, Marc.(2003). *The Mystery of Love*. New York: Atria Books.

6. Gottman, J. M.(1994a). *What Predicts Divorce?* Hillsdale, NJ: Lawrence Erlbaum Associates.

7. Gottman, J. M.(1994b). *Why Marriages Succeed or Fail.* New York: Simon & Schuster.

8. Gottman, J. M.(1999). *The Marriage Clinic: A scientifically based marital therapy*. New York: W.W. Norton & Company, Inc.

9. Gottman, J. M. and Declaire, Joan.(2001). *The Relationship Cure: A 5 step guide to strengthening your marriage, family and friendships.* New York: Three Rivers Press.

10. Hochschild, Arlie.(1989). *The Second Shift: Working families and the revolution at home*. New York: Viking Penguin, Inc.

11. Husdon, P. O. and O'Hanlon, W. H.(1991). *Rewriting Love Stories: Brief marital therapy.* New York: W.W. Norton & Company, Inc.

12. Jacobson, Neil S. and Gurman, A. S.(Eds.).(1995). *Clinical Handbook of Couple Therapy*.(2nd ed.). New York: Guilford Press.

13. Jacobson, Neil S. and Christensen, Andrew.(1998). *Acceptance and Change in Couple Therapy: A Therapist's guide to transforming relationships*. New York: W.W. Norton & Company, Inc.

14. Johnson, Susan M.(1996). *The Practice of Emotionally Focused Marital Therapy: Creating connection*. Levittown: Brunner/Mazel, Inc.

15. Johnson S. M., Bradley Brent, Furrow J., Lee A. & Palmer G., etc.(2005). *Becoming an Emotionally Focused Couple Therapist: The workbook*. New York: Routledge.

16. Johnson, S., Makinen, J., & Millikin, J.(2001). Attachment injuries in couple relationships. *Journal of Marital and Family Therapy*, 27, 145-155.

17. Kayser, Karen.(1993). *When Love Dies: The process of marital disaffection*. New York: Guilford Press.

18. Mace, David.(1982). *Love and Anger in Marriage*. Grand Rapids, MI: Zondervan.

19. Middelberg, C. V.(2001). Projective identification in common couple dances. *Journal of Marital and Family Therapy*, 27, 341-352.

20. Pines, Ayala Malach.(1998). *Romantic Jealousy: Causes, symptoms, cures*. New York: Routledge.

21. Weiner-Davis, M.(1993). *Divorce Busting*. New York: Simon & Schuster.

22. Weiner-Davis, M.(2001). *The Divorce Remedy: The proven 7-step program for saving your marriage*. New York: Simon & Schuster.

23. Wile, D. B.(1981). *Couples Therapy: A nontraditional approach*. New York: John Wiley & Sons.

24. Wile, D. B.(1993). *After the Fight: A night in the life of a couple*. New York: Guilford Press.

25. Wile, D. B.(2002). Collaborative couple therapy. In Jacobson, Neil S. and Gurman, A. S.(Eds.), *Clinical Handbook of Couple Therapy*. New York: Guilford Press.

心理與栽培系列最新書目

生活與輔導

書名	作者
做自己的生涯規劃師	張文彪
現實，我受夠了 —— 應對無力感的6個關鍵	伍詠光
焦慮自療	湯國鈞、江嘉偉、陳佩珊
當10cm遇上3cm —— 癌病同行的心靈札記	霍玉蓮、蔡揚眉
情緒傷害的醫治	黃麗彰
誰偷走了我的快樂 —— 應對負面情緒自助手冊	湯國鈞、李靜慧、李智群
邊個想返工 —— 拆解職場新丁49道難題	伍詠光、林峰、馮文傑、萬樂人、廖燕萍
下流世代的上流生活	吳渭濱、區祥江
輔導小百科（增訂版）	區祥江
會哭才是真男人	曾立煌、區祥江
我要真關係 —— 在人際中解結與成長	區祥江
無朋友	周偉豪、廖暉清等
勇敢做自己	伍詠光
婚姻，你真的懂？	上官賢恩、蔡元雲等

重新想像 · 愛情

100分情人必修課　　作者：溫淑芳

10分 **相遇**　三個決定使你愛上他

30分 **相處**　有無天生一對 —— 16 型人格（MBTI）理論
與不同性格戀人共處的兩個關鍵

30分 **相知**　戀愛路上的十二個如果
彼此認識的三項要點
戀人解難四種裝備

30分 **相愛**　如何變身最佳情人
十全十美的親密關係